こころの病いときょうだいのこころ

精神障害者の兄弟姉妹への手紙

滝沢 武久

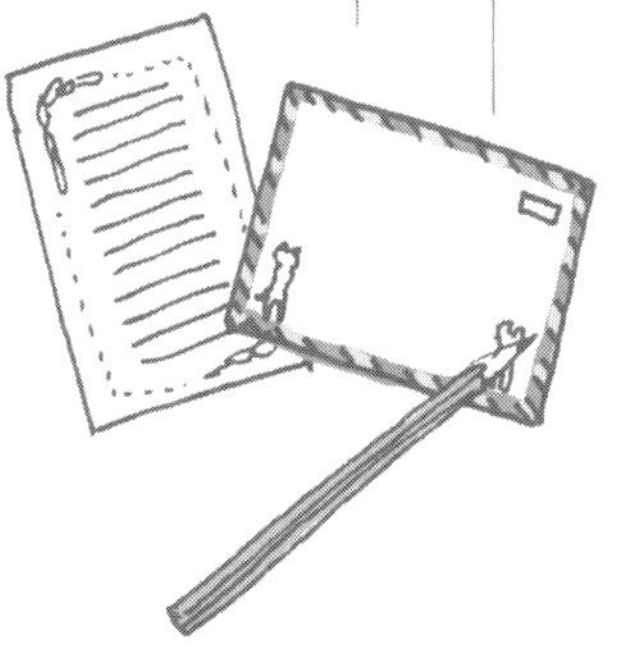

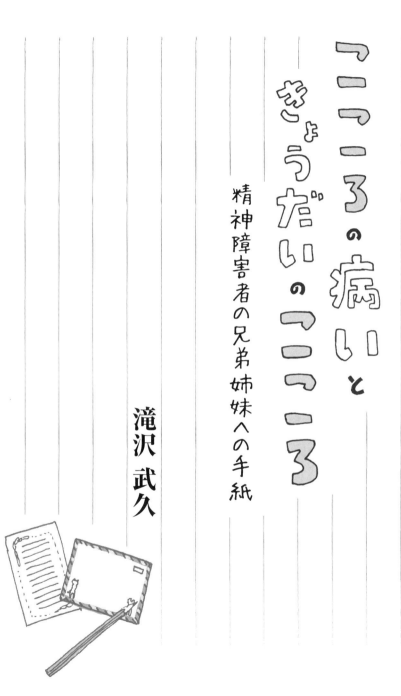

はじめに

私が一二歳の時に、一一歳上の兄が神経衰弱と診断されました。末っ子で楽天的な性格だった私は、それ以後、絶望的な悩みと生きる不安を持ちながら、やがて精神科ソーシャルワーカーを職業に選び、こころ病む人のそばで生き続けてきました。「精神の病気とはなにか」「自分も発病するのではないか」「自分はどのように生きるべきか、どのように生きられるのだろうか」「こころを病んだきょうだいに、なにをしたらいいのか」「人間とはなにか、自分はなんのために生き続けているのだろうか」と自問自答を繰り返してきました。こころ病む人のきょうだいの、こうした悩みや不安は今でも変わることなく、家族会やきょうだい会などに相談が寄せられています。

本書は、こころを病む人のきょうだいが長い悩みのトンネルから抜け出して、より良い人生を送って欲しいと思い、こころ病むきょうだいを持った精神科ソーシャルワーカーとして歩んだ私の内面の経験と提言を書き綴ったものです。

「きょうだいとして生きた内面の記録」は、兄の発病から、精神科ソーシャルワーカー、家族会員として歩んだ私のこころの歩みを綴ったライフヒストリーです。当時の精神医療・福祉制度のなかで、こころ病む兄と伴走しながら、こころ病む人ときょうだい・家族の生き方を模索してきました。けれども、兄は長期入院の後に急逝してしまうなど、うまくいかなかったこともたくさんありました。そんな私の経験を「他山の石」として、さらなる賢明な生き方を選んで、自己実現を果たしていただきたいと願っています。

「みちしるべ」では、こころ病む人ときょうだいが抱える悩みごとの「みちしるべ」を、読者のみなさんと考えてみたいと思います。

本書が、こころ病む人のきょうだいの手もとへ、同じ悩みを持って生きた私からの手紙として届いたらなによりの喜びです。

目次

ヨーロッパの地域精神医療活動に学ぶ

みちしるべ——精神障害者のきょうだいのために

こころの病いときょうだいのこころ——精神障害者の兄弟姉妹への手紙

きょうだいとして生きた内面の記録

第1章　きょうだいの発病とこころの歩み

●兄の発病と私の心

一九四二年生まれの私の育った家庭は、群馬県の県庁所在地前橋市内に住み、敗戦直後の庶民の貧しい生活ぶりでした。典型的な「貧乏人の子だくさん」の家族です。一九五五年、兄が二三歳、私が一二歳の時、六人きょうだいの長男が「神経症の疑い・神経衰弱」と診断されました。ここから私の「こころ病む人びと」と共に生きる歩みがはじまりました。

旧制前橋中学を出た兄は、市内の絹織物会社に勤めていました。日本は戦後の復興途上で忙しく、会社に入って数年たった兄も株取引などそれなりの仕事を任されるようになっていました。父は地場産業である撚糸業を母とひとりの職人とで営み、貧しくとも将来に希望を持って暮らしていました。末っ子で甘えん坊だった私は、家内工業と家事で母がとても忙しかったので、三人いる姉の上ふたりに育てられたようなものでした。どこへ行くのにもどちらかの姉に連れられて、おしゃべりでいたずらっ子だったそうです。隣近所が同じような貧しさの中で、長女が旧制女学校を、長男が旧制中学を出て就職し、家計を助け、他の子どもたちも無事に育ち、狭いながらも楽しいわが家でした。

そんなある日、父が自転車事故で怪我をしました。後部荷台に積んだ絹織物が父の腰を打ち、骨にひびが入り入院となりましたが、入院中に肝臓病と腎臓病を併発して、一九五三年三月二八日、入院して三か月後にあっけなく亡くなりました。父が五一歳の時でした。お葬式に来てくれた担任教師に私は「今日の宿題はなに?」と聞くなどして、父の死の重さを感じていませんでした。

残された家族は、母（尋常小学校卒・撚糸業兼主婦・四八歳）、長女（旧制高等女学校卒・県庁勤務・二四歳）、長男（旧制中学校卒・絹織物業会社勤務・二一歳）、次女（定時制高校・日赤病院勤務、臨床検査技師・一八歳）、次男（新制中学三年生・一五歳）、三女（中学一年生・一三歳）、そして三男で末っ子の私（小学四年生・一〇歳）でした。父亡き後、夜は同じ布団で眠り、寒い冬の夜などは私の足に自分の足をつけて温めてくれるほどの優しい兄でした。

残された家族七人の生活を維持するために、わが家の総領だった兄が、母と長姉との話し合いの結果、渋々ながら会社を辞め家業を継いで撚糸業に従事することになりました。それまでの会社勤めの兄の仕事は、朝八時半から午後五時までと勤務時間が決まっていましたが、自営の家内工業の仕事では、寝る時、食べる時以外はすべて仕事の連続で、土曜・日曜・祝日も休めることは少なく、早朝から深夜に及ぶ夜なべ仕事もしばしばでした。

兄は当初から、お酒も飲まず煙草も吸わず真面目に働いていましたが、二年がたった頃、言動に変調が見られはじめました。「以前勤めていた会社の社員になるので家の撚糸業はやらない。やはり会社員に戻りたい」と言うのです。一九五〇年代当時、地方都市に生活する多くの家庭では、惣領と呼ばれる長男に家族の扶養を担わせる伝統的な風習が強く、具体的なあてのない会社員への復帰希望は、母や長姉、叔父などの賛成を得られず、次第に周囲と摩擦を起こし、兄も葛藤を深めていきました。

兄は「自分は個人営業の撚糸業より会社員として堅実な仕事と生活をしたい。自分にはそれができる」と訴え、家業を放棄して睡眠時間も減り、生活そのものが不規則になってきました。また、相手の都合を省みずに早朝から叔父の家を再三訪ねたり、旧制中学校の恩師の家へ押し掛けて繰返し相談したりしましたが、誰からも賛意が得られなかったようです。後でわかったことですが、そのこともあり恩師の娘さんに失恋もしたようでした。

家族との摩擦や確執も強まり、母や長姉は親戚や元の会社の上司に相談しましたが事態の改善策もなく、周囲の人の勧めで保健所の健康相談に行き着きました。青年期の兄の身体的な健康状態には問題がなく、最後に精神科・神経科への受診を勧められました。前橋市内には、鍵と鉄格子のある施設が三つありました。刑務所と動物園と精神科病院です。刑務所と精神科病院は市民から怖れられ蔑《さげす》まれる施設でした。精神科病院へ受診を勧められた兄は「なんで自分があんな病院に行かなければならないのか」と母と長姉に非常に荒れた口調で怒鳴ったそうです。本人に詳しい説明がなかったことと、自分を「こころの病い」と見立てられたことへの怒りだったようです。母や姉たちの熱心な説得で、当時は精神科クリニックなどが無かったので、いやいやながら精神科病院を受診したところ、医師に「身体になんの異常もないのに働かないのは精神的な病気かもしれない。すこし入院しなさい」と言われ入院したと聞きました。これが私たち家族にとっての精神医療との出会いでした。

兄が精神科病院に入院したあと、幼かった私にも「精神病」という言葉や「心とはなにか」という問題が大きくのしかかり、色々なものの見方が大きく変わりました。大げさかも知れませんが、きょうだいが精神科病院へ入院したことで人生観が劇的に変わったのです。幼い無邪気な夢や希望がすべてすっ飛んでしまったのでした。それからは、兄に精神科病院での治療が必要だということが、家族それぞれの心にずっと重荷となったのです。

私が中学三年生の時でしょうか、あまりに母や長姉の言うことを聞かない兄が憎らしくなり、「この兄がいなければすべて問題はない」と考え、お勝手の薪割りの斧を枕の下に忍ばせたものの、兄が帰る前に寝てしまったこともありました。また、利根川の堤防の縁に立ち、早く死んだ父を恨み、兄の精神科受診という自分の身に降りかかる不幸な運命をのろい、生きるべきか死ぬべきかと大仰に悩み続けました。当時は地方銀行などに就職するときには家族の身上調査が入ると噂されていたので、こころの病いの兄がいたら、将来、自分がなにをやってもうまくいかないと思えてならなかったのです。

三か月ほど入院して家に帰ってきた兄は、玄関に入るやいなや、母に向かって「俺をなんであんな所に入れたのか」本当に病気になってしまうではないか。と大声で怒鳴りました。小柄な母はただ黙ってオロオロするばかりです。家族の誰も、兄が怒る理由が分かりません。なんとかなだめて兄の気持ちが落ち着くのを待つだけでした。当時はまだ効果的な抗精神病薬もなく、電気ショック療法や持続睡眠療法などが治療の中心で、患者にはかなり辛い入院生活だということがあとでわかりましたが、その説明は、病院から家族には一切ありませんでした。

退院後の兄は家業への従事を再開しましたが、一か月ほどでまた自己主張と家業放棄がはじまりました。昼夜逆転するなど生活リズムが乱れて、最初に入院した病院を受診させられて、診察の結果、再入院になりました。再入院を拒んで強い行動をとる兄と、入院を働きかける母や長姉との攻防戦になり、家中が葛藤と混乱に陥ります。中学生の私には状況がよくわからないながらも、ただならぬ雰囲気は伝わります。

家に帰ると母や長姉と兄との言い争う声が聞こえ、私が玄関に入ると小声になるのですが、すぐまた大声で言い争いになるのでした。そして長姉が私に「ちょっと外に行きなさい」と言います。

困惑する私はそっと家を出て、逃げるようにして近所にある利根川の土手まで行き、そこでしばらく時を過ごしました。やがて病院から屈強な人が二、三人来て嫌がる兄を強引に連れて行ったようです。

家に帰ると母は「兄ちゃんはまた入院した」とポツリと私に言うだけでしたが、長姉の眼には涙がありました。ふたたび私は河原に行くと、理由がわからず涙が出てきました。夕方、仕事から帰った二〇歳の次姉は何食わぬ顔でした。実は一般科の病院勤めの次姉が兄の再入院の手続きを取り計らったのでした。私たち家族はこうして一旦安堵したのですが、後年いつまでも母や長姉が兄から恨まれることになりました。

その頃の精神衛生法では、強制的な措置入院か家族の同意による入院しかありませんでした。本人の意思や同意による入院の仕組みがなかったのです。「病識・病感がないのが精神の病気の独特な症状」と考えられていて、たとえ本人が入院を希望した場合でも「家族や後見人及び配偶者の同意」が必要でした。

当時は健康保険制度も不十分でした。医療費はほとんど自己負担なので、兄の入院中は群馬県庁に勤めていた長姉の毎月の給料をそのまま医療費に充てるほどで、私たち家族には非常に大きな経済的負担ものしかかってきました。

私もちょうど中学校に進む時でした。近所の親しい遊び友達が近くの群馬大学付属中学校に行くというので、長姉に自分も行きたいと言ったのですが、言下に絶対無理だと言われ、やむなく諦めました。私の中学校の費用や給食費が払えない事態にもなり、私も大変辛い経験をしたものでした。次姉は長姉の通った高等女学校には行かず、新制女子高校の定時制課程へ進学して、昼間は前橋赤十字病院に勤めながら衛生検査技師の研修を受けて資格を取る道を選択しました。

わが家はいよいよ困窮状態に陥って、兄の医療扶助の生活保護申請が必要になり、末姉が全日制普通科高校へ進学するには世帯分離が必要だと福祉事務所から問題にされました。末姉が泣きながら受験に向かった姿を今でも覚えています。

時々、近所に住む大家の米屋さんに家族の食べるお米を借りに行くこともありました。しかしお米屋さんには私と同い年の娘さんがいたので、私は娘さんに会うのが辛くて恥ずかしくてたまりませんでした。私は、自分の小遣い銭が欲しくて、友人の父親の紹介で納豆売りをして小遣い稼ぎをしたこともありました。わが家の裏に住むひとつ年上の遊び友達の親が前橋刑務所の看守さんをしていて、刑務所の開放日には綿飴などが配られるので、それ欲しさに子ども同士で出かけたりしたものです。看守さんたちの住む官舎では、私の売る納豆をよく買ってくれました。

私は家庭内での色々な揉め事から逃げるように、中学校ではテニス部に入り、日頃の鬱屈を払いのけるようにして毎日暗くなるまで練習に励みました。三年生の市内大会では、初めて県下大会出場権を勝ちとり誇らしい気持ちになって、兄のことで抱えた劣等感からすこしの間解放されました。しかし日頃から緊張しがちな私は、県下大会では一回戦であえなく負けてしまい、「自分はやはり精神的に弱いのだ」と劣等感がよみがえり、利根川のほとりに立ち、兄と私の影をだぶらせて、生きていても将来は絶望的だと思い詰め、川の流れに身を沈めてしまいたいと誘惑に負けそうなこともありました。

●将来への不安

一九五八年の春になって、近所に住む遊び友達が普通科の進学校に進むのを横目に、家庭の経済的な事情もあり、私は早く会社員になるべく前橋商業高校に入学しました。子どもの頃に憧れていた新聞記者やアナウンサー、弁護士、外交官になるための進学校に進むなど、とても考えられませんでした。高校でもテニス部に入りました。テニスの練習に打ち込むことは、崩れがちな自信をいかに保つかという必死の試みと、日々の生活を整える習慣づくりでもありました。

学校からの帰りには同級生の通うカトリック教会に入り込み、自分の抱える悩みの解決に向けて信仰に頼ろうとしました。市内のこのカトリック教会は、大きく広く荘厳でありながらいつも玄関扉は開いていました。私はテニスの練習で疲れた自宅への帰路、あるいは部活のない土曜・日曜でも、夕方になると人目を避けて教会に入り込み、自分の苦しい心中を呟き、わらにもすがる気持ちで祈り、涙したものでした。

それでも、どうしても入信することはできませんでした。現金なものですが、どんなに祈っても兄は相変わらず家の仕事をせず、なにも解決の目途が立たなかったのです。一度だけ自分の境遇を打ち明けてみた優しそうな神父さんも、結局のところ問題解決の術を具体的に与えてくれる訳でなく、むしろ解決方法のない不満と後味の悪さや自己嫌悪に苛《さいな》まれ、自分自身にやりきれなさを感じ、また自己不信や人間不信に陥っていくのでした。

私は商業高校の図書館にあまり置いていなかった人生論、哲学や思想、医学の本を探し求めて県立や市立の図書館にも出入りしました。当時の医学の専門書には、治療技術に関する記述はあまりなく、病状と診断名がほとんどでした。また原因については、基本的には不詳としていながら「内因性とか体質的」などと書かれているだけで「精神分裂病（統合失調症）の原因は不明、治療方法も少なく予後不良・人格荒廃に至る」「精神分裂病（統合失調症）の遺伝率は双子の場合わずかでも普通より高い」などと、むしろ心配になることばかり書いている本もあって、読めば読むほど不安材料が増えるばかりでした。

そんな高校一年生の夏、中学校のクラス会で谷川岳近くの群馬県と新潟県の県境である蓬峠へハイキングに行くことになりました。当日の参加者は一五名くらいでしたが、その中に中学時代ではクラスで一番の成績の女の子も参加していました。ところが登山中の彼女の言動がなんとなく不自然で、独り言を言ったり、いきなり高笑いや声高に歌を歌いだしたりするのです。メンバーもやがて彼女の異変に気が付き、次第に全体が白々しい雰囲気となりました。男友達の中では「あいつおかしいな」とささやいたりしていましたが、私はそんな彼女の様子を見て、兄とは違う精神的変調に気が付き、急に心配になりだして、見守るように彼女の近くを歩きました。結果的には最後まで無事全員が下山し、水上駅から上越線で前橋駅まで帰り着きましたが、電車内では完全に彼女はひとりぼっちでした。後日、群馬大学のテニス場近くで彼女をみかけて、心配のあまりしばらく様子をみていたら、彼女が大学の精神科外来へ通院中であったことを知りました。

高校二年の夏には、テニス部の私たちのペアが上級生を破り、地元県で開催される関東大会への出場を果たしました。私はすっかり有頂天になり、将来は国体に出場する白日夢まで見て、高校卒業後の進路はテニス部の先輩の伝手《つて》で都内一流企業への就職まで夢みていましたが、それもあえなく挫折します。何度目かの兄の再発と再入院のために家計はどん底状態になり、高校を二年で中退して上京し、就職して家計を助けなければならなくなったのです。すでに単身上京していた次姉は、病気の兄が精神科病院に再入院を繰りかえす状況で、末っ子の私がのんびりとテニスに興じている姿を見て、早く家計を助けるべきだと考えたらしく、私に商業高校を中途退学して上京するよう話を進めていたのです。

その現実に直面したとき、私はすべてに絶望して頭の中は真っ白になり、ほとんどなにも手がつかず、無気力になって学年末試験を迎えました。成績はクラス員五五人中一〇位くらいから最後尾近くまで急降下しました。放課後、担任に教員室へ呼びだされ色々と質問されましたが、私は黙秘しました。自分の置かれた境遇を誰も助けられないことを、嫌というほど味わっていたからです。進学校をあきらめて商業高校に入ったのに、今度はその商業高校すら中退という話は、テニス部の先輩のように東京の有名な一流企業に勤められる機会すら失うということで、まるで天国から地獄への転落のように、すべてが絶望的に思えました。

私は、当時比較的羽振りの良かった畳屋を経営している父の兄に救済を頼みました。私自身伯父にはそれまで可愛がられていると感じていたので、学校が早く退けると時々遠回りをして伯父宅へ寄り、畳を作る仕事ぶりを見せてもらっていたのです。伯父は息子とほかにふたりの職人を使っている親方でした。その年配の職人さんとも以前から懇意になった気分でいた私には、亡くなった父の代わりに心が受け入れられる思いがあったのです。父親代わりを求めていたのかもしれません。

私は「あと一年だけ学校を続けられれば、きっと中流ないし名前の通った会社に就職できて世話になったお金は返せるから、母に援助してほしい」と懇願しましたが、伯父には届かないこだましかありませんでした。愛憎表裏一体とはよく言ったもので、その後一切伯父の家には足を向けなくなりました。一年だけ面倒を見てくれないかとの願いになにもしてくれない伯父になどもう絶対会うまい、家に遊びに行くことも一切すまいと固く決心し、伯父に対して不信感に凝り固まってしまいました。

学校には母の代わりに長姉が呼ばれ、すべての事情を担任教師は知りましたがなにもできませんでした。当時図書館で読んだ夏目漱石の『こころ』は、なぜか私の心情にぴったりに感じました。私は文庫本の『こころ』を何度も読み返し、県庁裏の利根川の堤防の土手を歩きまわりました。なんとなく自殺を思いつめ、遺書めいたメモを何回も便箋に書きはじめたものでしたが、思いつめると却《かえ》って優しい家族全員の顔がちらつき、筆は進みませんでした。無理もありません。六人兄弟の末っ子として一〇歳くらいまで十二分に甘え、たぶんきょうだいの中では一番のびのびと育ち、私ひとりだけが幼稚園にも通わせてもらったのですから、自殺の決心などつかなかったのです。小学生の頃、畳屋の伯父や周囲の大人から将来お前はなにになるのかと聞かれると、即座に「弁護士、新聞記者、外交官やアナウンサー」と屈託なく答える楽天的な私であり、楽しい思い出をたくさん持っていたので、その記憶をふっ切れなかったのです。私はこうして生き延びたのですが、とにかく将来の生き方への不安を解決したい模索の時期でした。

●上京と進学

私は商業高校の継続を断念して、たったひとりの中学時代からの友人に見送られて前橋駅から上野行きの国鉄電車に乗りました。文庫本で読んだ石川啄木の「石をもて　追わるる如くふるさとをいでし悲しみ消ゆる時なし」の短歌とまったく同じ心境で上京しました。すでに就職して江戸川区小岩のアパートにいる次姉と同居し、隣の葛飾区内にある人工皮革のかばん製造の作業所である職人のところに就職しました。私の内心は絶望のどん底でした。テニスで関東大会へ出られて有頂天になり大きな夢を持った直後、今度はその高校すら中退なのですから、まるで天国から地獄への転落でした。しかし毎日隣区にあるかばん屋へ仕事に行かねばなりません。

しばらくして、やはり高校だけは出ておきたいと思い、東京下町の小岩にあった定員割れの都立江戸川高校小岩分校の定時制の補欠受験で首尾よく四年生に編入しました。これで郷里の高校の級友と同じ年に卒業できると思った時、テニスでペアだった友人から「東京の証券会社に受かった。来年はまた一緒にテニスをやろう」という手紙が来たのです。この友人も私と同じくらいの学業成績だったので、私の心はかばん屋の仕事どころではなくなり、すぐに彼が受かったのとは別の証券会社の就職案内を取り寄せました。しかしその募集要項には「定時制高校卒受験不可」と書いてあったのです。

悲憤慷慨しましたがどうにもなりません。今度は急に色々な思いや欲求が出てきました。公務員試験なら定時制高校卒業でも受けられるだろうと上京半年後の八月、東京都立の学校事務職員の公務員試験を受け、また商業高校で取得した簿記と珠算二級の資格を基に、税務事務担当の初級国家公務員試験も受けました。

両方の試験に合格したのに気を良くして、さらに私は、今度は兄を直接治すために精神科の医者になれないかと考えました。しかし、商業高校の勉強では理系はむずかしそうだし、また医学関係はお金もかかるのでとても無理だと考え、だったら社会福祉はどうかと考えました。同居中の次姉もそんな私の希望を聞き入れてくれて、次姉の知人の紹介で日本社会事業大学へ学校訪問をして五味百合子学生課長に会うことができました。「今は大学にも精神障害者の福祉に関するカリキュラムはないが、将来はたぶんできるでしょう」という教授兼学生課長の声に励まされました。また聞いてみたら日本社会事業大学は私立でありながら、国立大学並みに安い学費でした。その年の大晦日、小心で気弱な私は家内工業のかばん屋を急に退職すると親方に直接言えず、少額の年末手当をもらい仕事の帰りがけに近くの喫茶店に寄り、退職願を書いて郵送しました。新年からは少し遅い受験勉強をはじめて、明治大学商学部の二部と日本社会事業大学のふたつを受験し、結局日本社会事業大学を選びました。

●束の間の青春を満喫した時代

昼間の大学に入学したのはよいが、今度はまた四年間の生活の糧も探さなければなりません。社会福祉系で国立大学並みに学費が安いとはいえ、これも考えれば大変でした。

一九六一年の四月上旬、桜の花に煙る春爛漫の神宮外苑近くにある日本社会事業大学は、妙齢の男女が半々ずつあわせて一〇〇人が同席する単科大学の入学式でした。私は地方の男子校出身で、しかも家庭の事情で商業高校を中退して、定時制だけは出ようと昨年は悲劇のどん底でいたのですから、自分の境遇の急激な変化にしばし呆然としたものです。前年に合格していた都立高校事務員の任用をしばらく待つことにして、入学早々、勇躍してテニス部とコーラス部に入りました。

テニスもコーラスも私の長姉と次姉の強い影響ではじめたもので、中学校時代も密かに自信を持っていたのです。わが家の隣家は、高校の音楽と英語の教師夫妻で、ひとりは私と一歳違いの三人の美形の年頃の娘さんのいる家庭でした。よくピアノやバイオリンの練習曲などクラシック音楽の音色が聞こえてきました。経済的にも心境的にも困窮・混乱状態にあるわが家とは雲泥の差があるように見えて、わが家の六人のきょうだいにとっていつも羨ましく、華やかに見えた憧れの家庭でした。そんなことが影響して、私は大学に入って早々にコーラス部に入ったのでした。

授業の合間や夕方まで、ふたたび同好会のテニスに夢中になり、コーラス部の練習に夢うつつになりかけた五月下旬の頃、東京都教育庁から呼び出し状が来ました。港区内の港工業高校の夜間事務員に欠員がでたので、六月から勤務することになりました。七月に入り大学は夏休みを迎え、私は東京都職員のわずかな夏のボーナスを使ってテニスでペアを組んだ大学の級友と東北地方への二週間の旅行を計画しました。コーラス部の女子ふたりも一緒に行くことになり、男女ふたりずつ四人の旅となりました。夏休みに実家へ帰っている別の級友宅などに宿泊を依頼し、それ以外は当時流行っていたユースホステルやお寺民宿、牧師館などを訪ね歩き、夜な夜な「人生いかに生きるべきか。人間とは何ぞや。神はいるのか」などと大仰な論議をユースホステルのペアレントや僧侶や牧師・神父たちと問答し、床に就くのは毎晩夜更けか朝方でした。キリスト教信仰に関心を持ち石川啄木の詩に凝っていた相棒も私も、女子学生と同道であることをほとんど忘れているほど生硬でした。

●内心の苦渋

夏休みがあけて秋になる頃には、私は別の葛藤を持ちはじめました。夜間高校勤務の都合上、授業後のテニスやコーラスの楽しみを午後三時過ぎには中断して出勤しなければならず、強く後ろ髪をひかれることが苦痛となってきたのです。それでも、学業と生活のためには仕事を辞めるわけにはいきません。九月末にはテニス部にもコーラス部にも退部届を出して、私は昨日まであれほど親しかった級友と学内の狭い廊下ですれ違っても視線を逸らすか目礼をして、一切口をきかず逃げるようにしてその場を離れました。

内心「やはり自分のような母子家庭で精神病の兄がいる者にとっては、経済的背景もなく昼間の大学生なんて向かないのだ。夢を見ていたのだ。もう浮かれることなく自分なりに生きるしかない」と思っていました。当時は学生運動が盛んで、大学構内でひとりの活動家リーダーから、学友のほとんどがデモに参加する中アルバイトでデモに出られない私のことを、まるで戦時中の「非国民」のようになじられたこともありました。これにはまったく返す言葉もありませんでした。そんな訳で、大学ではほとんど友人はできませんでした。

大学の授業が終わり山手線で原宿から勤務先のある新橋駅に向かい、飲み屋やキャバレーの呼び込みの声を潜り抜けて出勤するときにも「普通の人が九時から五時頃までの昼間の仕事を終え家路につくのに、自分はなんで毎日夕方から仕事に出なければいけないのか」と僻《ひが》み根性丸出しの心境でした。考えてみれば、およそ半年間でしたがテニスやコーラスに興じた妙齢の女学生との交流は、わが青春の一幕の花盛りだったのです。

それでも、心の通じる友人に出会うこともありました。大学二年生の時に、沖縄から単身上京して生活していた一年生の友人と出会い、彼とは下宿も近く、昼間読んだ哲学書について夜中まで論議するなどして下宿のおばさんを困らせました。彼も新聞配達をしながら自力で大学に通っていて、お互い貧しい境遇の中で気持ちが相通じていました。

秋の試験期間になりました。商業高校出身の私は英語の授業や試験勉強がまったくの苦手で、とりわけ第二外国語のドイツ語の試験があると理由不明な熱発を覚え、心身症かと思える反応が出てしまったのです。朝の総武線の満員の電車内で汗びっしょりとなって大学へ行き、試験が終わると急激に熱が治まるのでした。

定時制高校の仕事場でも、やはり色々なことがありました。ある日、当日扱った数十人分の月謝や給食費など徴収金の縦横の合計も現金も合わないのです。商業高校で簿記や珠算二級の資格を持ちながらこの程度の仕事が満足にできないのかと、焦れば焦るほど合わないのです。「今日はちょっと居残りをします」と理由も言わずに残業をして、ひとりで何度も何度もそろばんを入れ現金の数え直しをしましたが合わないのです。夜の一〇時過ぎには、いつも帰りがけに将棋の相手をする老警備員が「今日は遅くまで頑張るね」と優しく声をかけてくれたのですが、返事も振り向きもせず現金合わせをしていました。結局現金五〇円が不足していたのです。私は不足分を自分の財布から抜き出して手提げ金庫に入れ、帳尻を合わせ事務所の大金庫にしまいました。

逃げるようにして新橋駅まで急ぎ足で歩きました。新橋駅界隈の夜の世界は多くのサラリーマンなどで混んでいて、年上の女性からの「一杯やっていきませんか」という声に耳を塞ぎ、酔客と何度もぶつかりそうになりながら、足早で次姉のいる総武線の小岩駅近くのアパートに帰りました。

次姉には何も言わず、すぐさま布団に潜り込んでも眠れません。「自分はこんな程度の事務能力しかないのか。こんなことが仕事場の同僚に知られたら恥ずかしいし、クビになるかもしれない。

やはり諦めて郷里に帰ろうか。自分はなんて無力なんだ。やはり自分も病気になるのだろうか」と考えている内に、やがて夜が白々と明けてきました。結局一睡もせずに、また早朝、小岩駅から原宿の大学へ行き教室に入りました。日頃から関心の高い哲学や社会思想史などの講義でしたが、私は机上ではじめて居眠りを覚えました。

授業が終わり勤務先に行き、その日早くから出勤している上司に、昨日集金の金額が合わなかったことを恐る恐る報告しました。すると上司は何事もないかのように「そうですか。それなら君が出した不足分はこちらから出しておきますよ」と、いともあっさりと言われました。ほっとして安堵した気持ちと共に「なんで自分はあんなに悩み苦しんだのか。事務の仕事もこんな現金処理のやり方でよいのだろうか」という疑問を感じましたが、それは口にしませんでした。

ちょっとしたことでも深刻に、大仰に考えてしまうことは、故郷で精神の治療を受けている兄のように発病時期が近づいたためなのだろうかと、ますます不安になりました。そんな時の私の心は、極端に敏感になりました。「変人、奇人、変態、精神病、頭がおかしい、狂気、異常、変わっている」などの特に落語や漫談などでその業界の人が何気なく使っている表現に反応する自分があり、その後ラジオ放送やテレビの芸能番組などを一切見なくなりましたし、トランプゲームの「神経衰弱」などもやらなくなりました。それでも、勤務先の教師や事務職員との間では、表面的には何気なくふるまうことができていました。彼らから見れば働きながら学ぶ童顔の少年のように見えるらしく

「なんで若いのに社会福祉を志すのかね。感心だね」と妙な言葉をかけられていました。

こうして昼間は大学生、夜は定時制高校の事務職員として二重生活を送り、内心の苦渋や不安は表には出さないで、周囲の人には快活にふるまう力を身に着けていきました。

●兄の就職と再発、そして長期療養への歩み

大学二年生の秋頃、同居中の次姉の提案で郷里の前橋にいて就職できない兄に上京を勧めました。東京なら精神科病院の入院歴なども知られていないし、私たちと兄が一緒に生活して仕事探しができるのではないかと考えたのです。六畳二間とトイレと台所付きの部屋で、隣室とは仕切りベニヤ板一枚くらいのアパートでしたが、三人で同居することにしました。

次姉の知人の紹介で、兄は江戸川区役所の臨時雇いでごみ収集の仕事にありつきました。勤めはじめて半年くらいがたったある日、兄が朝に家を出たまま夜九時を過ぎても帰ってきません。私と次姉で心配していたところ、近所の家主さんから「警察から電話ですよ」と呼び出しがありました。兄は仕事が終わった五時過ぎから、区役所の自転車で郷里の前橋まで帰るつもりで出たらしく、夜八時くらいに高崎線の熊谷駅の駅舎に潜り込んで仮眠しようとして駅員さんから警察に通報があり、保護されたのです。翌日の早朝に私と次姉が迎えに行きました。前橋へ帰りたいと言う兄に、

警察官から精神科病院の多い東京都下八王子の病院への入院を勧められ、そうする事にしました。それ以外に次姉と私の力では方法がなかったのです。兄に前橋に帰ると言われても、急のことゆえ母や長姉たちも受け入れられないし、さりとてふたたび江戸川区のアパートに戻っても、私たちが働いているため昼間に兄の面倒は見られないからです。

旧制中学を出たのに区役所の非常勤の仕事しかできないのは大きな不満だったのかもしれないと、兄の気持ちを推し量ることができませんでした。就職できただけでも幸いと思う私たちは、兄との感じ方の違いに気がつかなかったのです。

兄の入院後は、月に一回、次姉と代わる代わる兄の小遣い銭を持って八王子の病院に面会に行く生活がはじまりました。大学二年生の終わりには、勤務先も新橋から神宮外苑にある都立青山高校に変わりました。江戸川区のアパートから大学に近い原宿の、洗面所トイレ共用で三畳一間の二階建てアパートに引っ越しました。昼間は大学へ、夕方は定時制高校の事務をして、休日は朝早くから、平日の仕事帰りは夜遅くに、ひとりで明治神宮や外苑を歩きまわりました。給料が入った日などには、そっと歌声喫茶や洋画劇場に通いつめました。それが私の密やかな、少ない息抜きの場所でした。

哲学の授業で知り合った年上の女学生と、サルトルやボーヴォワールの本を議論しながら、神宮外苑を一晩中歩きとおすこともありました。給料日にはコーヒー代は私持ちで、時々銀座にあるシャンソン喫茶へ行って、夜更けの帰路を銀座から原宿の大学付設の女子寮まで送りました。この頃の私は、普通の男女の恋愛や家庭づくりは望まないで、むしろサルトルとボーヴォワールのような知的友情の交流があれば十分ではないかと憧れたものでした。

色々な問題を抱えつつも、私は周囲に兄の病気のことを話したり相談したりすることはほとんどありませんでした。学校の長期休暇には、中学・高校から上京して就職した郷里の友人や、職場の教員や事務職員にパートナーになってもらい、山歩き、スキー、スケート、時には一人旅もしながら、内なる数々の悩みと格闘し続けました。「自分はなんのために生きるのか」「自分も兄のように発病するのではないか」「いっそのこと家族に縁のない外国に行って、天涯孤独で生きていけないだろうか」「今以上の生活などあるまい。恋愛や結婚を考えずにずっと学校事務員でもよいではないか」「教職資格を取り、地方の中学に勤め、テニス部の顧問でもして田舎教師として静かに暮らすのも一生ではないか」などの自問自答をし続けました。

ひとりの時間には世界哲学全集を読みはじめ、特にバイロン、ヘッセ、ニーチェ、キルケゴール、ショーペンハウエル、デカルト、カントなどに共感し、サルトル、ボーヴォワール、ロマン・ロラン、フーコー、ゲーテなどの書を読みふけりました。とりわけニーチェの『人間的、あまりに人間的』『ツァラトゥストラかく語りき』などは、表紙が手垢で汚れるほど繰り返し読み、兄とバイロンやニーチェなどの発病をだぶらせていました。

兄は本当に生真面目で、群馬県では第一の進学校の旧制前橋中学をすんなり卒業できたくらいの地方の秀才でした。「精神の病気と言われるのも、下手な凡才で人生をなんの意味も持たないで生きる人よりましではないか。兄はあまりにも人間的な悩みを持ちすぎていたのではないか。だから精神の病気と言われたのではないか。むしろあまりに純粋すぎて病気と言われるけれども、そんなことを言う精神科医などが純粋な人たちを治せないのに生活の種にしているのではないか」と勘繰って、兄を弁解するような心情になったものです。画家のゴッホやゴーギャン、ピカソなどの描く絵も、狂気の結晶として画筆をとったと理解するような気持ちで見たものでした。そうすることが、兄が精神の病気であることで私自身の人生に絶望したくないための、自己を納得させる合理化だったのでしょう。

●ふたりの姉の結婚に際して

そうこうしている間に、郷里の前橋女子高校を卒業した三姉も上京して、千葉県の市川市内の繊維系企業に就職し市内にアパートを借りました。その後しばらくして、次姉と三姉に結婚話がほぼ同時にでました。私が大学四年生の夏休みのことです。今度はそれぞれの相手に、精神科に入院している病気の兄のことをどう伝えるか、ということが大きな問題となりました。東京にいた私も郷里に呼ばれ、入院中の兄以外が全員集合での家族会議でした。話は行きつ戻りつして、深夜に及ぶ長時間の話し合いでした。次姉は相手には言うがお舅さんたちには伝えないという選択をして、三姉はすべてのことを話すと自分で決めて、集まった家族全員が涙して明け方に床に就きました。末っ子の私は両方とも「すべてを相手とご両親に話すべきだ。それで駄目になるなら、それは縁がないものだ」と主張しました。

翌朝わが家に来た相手とご両親の前で、本人と母と長姉は深々と頭を下げすべてのことを話しました。なにも悪いことをしているわけではないのだから、頭を下げずとも良いのにと、今も私は考えています。話してみれば案ずるより産むが易しでした。相手とご両親は「結婚するのはふたりなので、両親にはなんの異存はない。どこの家庭でもなにかしら色々と懸案事項はあるものですよ」と言っていました。

相手とご両親が帰った後、皆がほっとしたときでも母は「姉ちゃんはダメだね」とため息ばかりでした。長女と長男に結婚の縁がなく先に二女と三女が旅立つことが原因です。長姉も弟から見てそれなりに美形で、勤めている県庁ではキャリアでした。それなのに長姉にしてみれば、父の死、弟の発病の入院費用負担などから、いくつもの転進や結婚の機会がありながらそれを避けざるを得なかったのです。長姉は自分のことを言う母の前をそっと離れました。小柄な母は父の死後めっきり年老いて見えました。

一事が万事こうです。精神科受診の病人を持って、原因も有効な方法もわからない時、自分たちの力や知恵の及ばないなにかに怖れ、自信を無くし卑屈にすらなってしまうのです。後年、長姉が「自分には青春の自由もほかの可能性もほとんどなかった」と述懐するとき、誰もなんの言葉もなく、自家の不幸を運命のいたずらか宿命かと結論づけることによって、ひたすら耐えて生きるしかありませんでした。

後年になってきょうだいがようやく話し合えたことですが、他の姉や兄たちにしても、私と同様に「自分も発病するのではないか。兄はいつまでも療養が必要な病気で治らないのではないか。なにかのはずみで病気の兄が世間に迷惑をかけるのではないか」といった不安に、内心いつも怯えていたと言います。しかしながら、当時誰ひとりとして精神の病気の治療や社会復帰のゴールなどについて、詳しい知識など教えてもらわなかったのでした。

兄の世話役だった次姉の結婚を契機に、江戸川区の小岩から八王子の病院に兄の住民票を移すことを勧められました。入院当初から次姉の知人の江戸川区議の世話で「単身生活保護」（医療扶助以外の小遣いや日用品費は次姉と私が負担）を受けることになりました。東京都の公務員であった私は、給料をもらうと月に一度病院へ面会に行き、入院生活上の小遣いを渡すのですが、面会に行けないときには、兄は病院で金欠になり困っていたと、あとで聞きました。私の面会も段々と不定期になり、小遣い銭を郵便局から払い込むのを時々忘れたのです。面会に行ったとき兄がすまなそうに言うので気づいた事もあります。

●大学卒業と東京都職員退職

大学卒業を前に、私はまた迷い始めました。自分がどんな職業に就いて、どのように生きるのかとともに、入学以来四年間も色々と考え、悩み続けた三つの問題「精神の病気は治らないのか」「遺伝するのか」「危険なのか」も解けないままでした。しかしこうした苦悩を運命として受け入れることはできませんでした。むしろ何度も煩悶しながら、この問題から逃避することを考えていました。

大学四年生の夏から秋にかけて、多くの級友は就職活動であわただしく過ごしていましたが、私は都立高校事務の仕事があったので、逆にのんびりと一人旅などをしました。一九六四年の東京オリンピック開催で沸く日本の中で、特に競技場近くの原宿界隈は喧騒に満ちているように感じ、私は東京を逃げ出し八ヶ岳登山を試みました。八ヶ岳山系の中でも一番厳しい、山梨県側から権現岳を越えて赤岳まで大きなキレットを渡っての縦走を試み、赤岳の頂上小屋でオリンピック開会式のにぎやかなファンファーレをラジオで聞きながら、心の中ではまったく別のことを考えていました。職業者となって兄の精神障害の問題にかかわるよりも、このまま定時制高校の事務員をつづけても充分に生活できるのだから、就職の決定を留保しようと思ったのです。そして、大学図書館で見つけた「キブツ」というイスラエルの集団生活共同体のことを書いた本に触発されて、キブツ派遣者募集のチラシを真剣に読んでいました。結局、卒論のテーマには今日の共同体論の基礎を作ったイギリスの空想社会主義者ロバート・オーエンを選びました。誰もが貧富の差のないお互いに助け合える協同社会論に憧れていたのです。

そんな卒業間近の二月、大学の卒業旅行として郷里群馬の法師温泉でスキーをすることになり、私も久しぶりに熱心に誘われたので参加しました。スキーができる者も参加者四五人中数人しかいなかったので、私も初心者の数人に得意顔でスキーを教えながらの二泊三日の旅行となりました。

その夜ビールを飲みながら、入学時に親しくしていたテニス部とコーラス部の級友からしみじみと言われました。「君は一年の秋以来、急に人が変わったように友達とも付き合わなくなって不思議だった。もちろん今でもその理由は分からないけど、何か深い悩みでもあったのかしらと心配したものの誰もどうしてあげられず、声をかけても振り向かないので取りつく島もなかった。本当に君は四年間独力で生活費を稼ぎ出しこうして一緒に卒業できて、今では何人かが滝沢君を羨ましいとさえ言っている。親のすねをかじらなくてよかったね」。私は笑ってなにも答えませんでした。

そんな談笑の顔ぶれの中に、一年生のはじめに私が密かに好感をもったコーラス部の女性も、今親しくしている男友達の傍らにいて同調してくれましたが、その笑顔を見て私になにが言えましょうか。私は深夜そっと部屋を抜け出し、真っ暗な風呂場の湯船に入りしばらく考え込んだものでした。そうするより仕方なかったとはいえ、わびしさと共に取り返しのつかない後悔に似たほろ苦い思いでした。

一九六五年に大学を卒業した後もまた二重生活でした。とりあえず昼間は全国社会福祉協議会（全社協）内にあった全国老人クラブ連合会に勤めて法人組織化の仕事をして、夕方は定時制高校の仕事を続けたのです。しかし新しく勤めた全社協の仕事は、組織内部から見ると、厚生省や政権与党との交渉による社会福祉の予算と選挙の票のギブアンドテイクであり、この仕事も私の青くさい考え方と両立するものではありませんでした。

一年後には「昼と夜に働くのは遊ぶ時間がないから貯金もできるが、自分の人生はこれでよいのか。福祉の仕事として、こころ病む兄の社会復帰のためになにかするべきではないのか。そうでなければ本気で国外脱出をして天涯孤独な生活を送るべきではないのか」とふたたび自問自答をしているときに、昼間の仕事の上司からこんなことを言われました。「君のしている仕事は従来からアルバイトにやってもらっていた。だからもし君になにかが起きても、またアルバイトを雇うから心配ない」。雑談の中だったとはいえ、普段から自意識過剰気味な私はその言葉に大きなショックを受けました。たしかに補助的な仕事でしたが自分なりに一生懸命にやってきたのに、自分はこの程度しか期待されていないのか、だったらこの仕事を辞め、郷里に帰ってしばらくゆっくり本でも読んで暮らそうと結論をつけました。

約一か月後、私はふたつの職場に退職願を出しました。「次の就職のあてもなく無職になって郷里に帰るなど常識的ではない。五年間勤務した公務員職だってもう一度入ろうにも簡単ではない。なにか悩みでもあるなら相談に乗ろう」という親切な同僚ばかりでしたが、私は自分の気持ちを一切誰にも言わず、六年間いた原宿の生活に別れを告げ、勤務先の高校に出入りしていた本屋さんのライトバンに布団や本などの荷物を積んでの帰郷となりました。

とりあえず、前橋の実家でしばらくのんびりと本でも読んで過ごすつもりでした。帰郷後に一、二度テニスを付き合ってくれた友人も平日は仕事です。所在無い私は市内の繁華街にある映画館や図書館に行き、公園でボートに乗り群馬県庁裏の利根川べりで釣り糸を垂れました。

六年ぶりの実家では、東京で働きながら昼間の大学まで卒業したので家族や近所の人から誉め言葉のひとつはありましたが、数日もすると雰囲気が変わりました。「働かざる者食うべからず」の雰囲気で、私は一〇日も持たず針の莚《むしろ》の上に座らされているようになりました。帰郷した数日間は家族からも近所の人からもお客様待遇でしたが、まず家庭内で家事分担を求められます。一週間もすると近所の人からも「身体の具合がどこも悪くないのなら、ぶらぶらしていないで俺の家の仕事を手伝ってくれよ」などと言われます。健康な、しかも明らかに裕福でもない家庭の私が日中ぶらぶらしているのは、地域社会の規範に合わないのです。後年、私がソーシャルワーカーになってからも、本人になにか理由があるけれど、内向的な性格などで周囲にうまく説明できないまま働かずにいる人が「精神の病気の疑い」と精神科医に診断されたケースに、たくさん会いました。彼らもまた、社会の規範に合わない自分を説明できなかったのでしょう。

●生きる力を探し求めて

私も次第にいたたまれなくなって、誰にも干渉されずひとりで考え事をするため、北海道に行く決心をしました。ちょうどテレビでひとりの自衛隊員が歩いて日本縦断の旅をしている姿が映し出されていたので、自分もやってみようと思い立ったのでした。学生時代からよくひとりで山歩きや旅行をしていたことを母や長姉も知っていましたが、目的もはっきりしないし、いつ帰るかもわからない今回の旅行計画には大反対でした。一週間に一度くらいハガキで連絡するからという条件で、ようやくの出発でした。

入院している兄に代わり家業の撚糸業に従事していた次兄は、中学時代に近所の犬に噛まれ、狂犬病の予防注射の後遺症のために病弱となり、高校進学も諦めて、そのためかどちらかと言えば寡黙な性格でした。私がこの旅行の話を切り出したとき、次兄はいかにも寂しそうでした。大学時代の夏休みなどに帰郷した折、次兄はいつも私に「お前は身体が丈夫でうらやましい。身体を大事にしろよ」と言うのが口癖で、私はいささか次兄を敬遠気味だったのです。そんな次兄が、出発の時玄関まで出てきてまた一言「身体にだけは気をつけろよ」とだけ言いました。

従来から山好きの私は、大学時代も友人と行くこともありましたが、多くはひとりでの山歩きでした。「なぜ山に登るのか」の問いもありますが、私の場合は周囲の人を避けてのことでした。心の内のすべてを打ち明けて、誰かに自分を理解してほしいと強く望んだときこそ、北アルプスの槍ヶ岳の裏・表銀座縦走コースや穂高縦走、八ヶ岳縦走などの強硬な山歩きをひとりでした感があります。つらい行程の果てに、山頂で束の間の日の出を見て、あとはひたすら身体に鞭を打ち、心中は色々な事柄について自問自答の連続です。悩みが深いときほど行動範囲を広げる結果となり、自分の身体的疲労と精神的葛藤とを交互に乗りこなす内面のバランス・コントロールを覚えていきました。

当時の私の愛読書は、Ｊ・Ｊ・ルソーの『エミール』や『新エロイーズ』、桑原武夫編の『ルソー研究』、英語の教科書の翻訳本ジョージ・ギッシングの『ヘンリ・ライクロフトの私記』でした。小さな大学で、哲学、社会思想史、音楽、レクリエーション論に必要単位修得後でも出席を続けたものですから、教授たちを不思議がらせました。そんな文庫本を持っての一人旅のことを〝青春の放浪の旅〟とでも名づければ格好も付きますが、私にとっては精神障害者のきょうだいとしていかに生きるべきか、心を整理する日本縦断の四か月間余の旅となりました。

最初の予定では、日本最北端の宗谷岬から歩いて日本を縦断するつもりでしたが、履いていた靴がかかとの硬い登山靴だったため、舗装されたアスファルト道路では三日目にして十円玉大の豆が両足にできてしまいました。大きい荷物を担いで足を引きずって歩いている私を、後ろから来た親切な自動車の運転手が拾ってくれて以来、ヒッチハイクの旅に変わりました。後ろから自動車の音がすると振り返り、また自動車が止まってくれるのではないかと甘い期待をする自分の心情や性格の弱さを味わいました。

大雪山連峰では大雨に降られ、旭岳の避難小屋で出合った人たちの親切心からおにぎりなどをもらい、テントを持った単独登山の人に寝袋を持っていた私が誘われて、五日間にわたって縦走した後、今度は旭川市付近で自動車に乗せてくれた旅商人の手伝いをしました。黒百合の球根を札幌の北海道大学植物園の前で立ち売りすることになり、一〇日間のアルバイト代九〇〇〇円をもらって、六〇〇〇円で三段ギア付き中古自転車を買いました。アルバイトの途中、先月まで勤めていた職場の同僚が観光で北海道旅行に来ていて、ばったり会ってしまいました。「お前は何をやっているのか」と聞かれましたが、「この通りアルバイトをしているだけだ」と答えるしかありませんでした。

ここから自転車旅行に変わったわけですが、夜明けとともに起き、自転車をこぎだし、適当に海や川や駅舎や公園の水道で顔を洗い、道沿いの食堂が店を開けたところで朝食を食べ、ひたすら日本海側を南下しました。街道筋の安そうな食堂で昼食をとり、またひた走ります。

山登りでは、つらい苦しい登りのときは、自分はなぜこんな苦しいことをするのかと考えます。しかしやがて頂上に立つと、あるいは翌朝の日の出を眺めると苦しさよりも快さに変わります。この快感が山の妙味です。けれども自転車での旅はいやに長く、山登りのような快さはありませんでした。まして内心は精神科病院入院者の弟として、どう生きてゆくかを考え続けるわけです。そんな私を生きていくことにつなぎとめてくれたのは、何冊かの本と末っ子の私を可愛がってくれた家族と、わずかに付き合ってくれた数少ない友人たちの優しさへの想いでした。

夕方になると、街道筋にある適当な店で夕食をとり、雨露をしのぐ寺の境内、公園や橋の下、校庭、駅舎などにもぐりこみ、寝袋の中で疲れをとります。三日おきくらいにユースホステルや駅前旅館などの安宿に泊まり、風呂に入り洗濯や髭剃りをします。結局、北海道の大雪山から東北の岩木山、鳥海山、北陸の立山、剣岳、加賀白山、中国地方の伯耆大山、九州の九重山などの山麓の登り口に自転車を置いて、山を登り下り、そしてまたひた走りして本土最南端の佐多岬で折り返し、九州を8の字に回り、瀬戸内海沿いに北上し、兵庫県尼崎では城崎温泉で知り合った板金屋の親方の助手として四週間ほどアルバイトをしました。

親方が甲子園球場近くで作業員を日払いで雇い、彼らと一緒に板金の屋根の仕事をしたのでした。仕事現場は大阪の薬科大学の体育館の屋根の修復でしたが、作務衣姿の自分たちがうら若い女子大学生に「いま何時？」と高い屋根から声をかけると彼女たちが逃げるようにして走り去る姿を見て、先月までは東京で一応背広姿だった自分を思い浮かべて「やはり人間は外見で人を判断するのかな」などと感じました。四週間分のアルバイト代をもらい、自転車を親方に買い取ってもらって新幹線の切符を手に入れ郷里に帰ったのが、ちょうど二三歳の誕生日でした。

旅行中に日本海側を南下して、兵庫県の城崎温泉にある大学時代の友人宅を訪ねましたが、折悪しく彼は京都で僧職修行の弟子入りをしていたので留守でした。住職であった彼の父親が、私の身なりや自転車を見て色々と私の話を聞いて、ふと「今見た通り、寺の庫裡の工事をやっているが、そこの人手が足らないので、これからの路銀を稼ぐ意味でちょっと手伝ってくれないか。寝泊まりは提供するから」と声をかけてくれました。私は二つ返事で引き受けました。お寺の庫裡の基礎工事が仕事でした。

親方以外には、かなり高齢のいかにも職人風な人が仕事をしていました。一生懸命に働いて汗びっしょりとなり、すぐに疲れて肩で息をしている私を尻目に、その職人さんは時々立ち止まって悠然とタバコを吹かして休んでいるではありませんか。何回もそんなことがあるうちに、ふと私も気づきました。土木作業のような力仕事を一日中続けるのだったら、休みを入れながら根気よくしなければ身体が持たないのです。彼はサボって煙草を吸っているのではなく、疲労回復のため時々休息を入れているのだと教えてくれました。

この老職人さんの楽しみは、仕事終りのコップ一杯の日本酒で、仕事が終わると夕食前に一升瓶から酒をついでくれました。私の両親もタバコはよく吸っていましたが、お酒飲みは家庭騒動になると教えられていて、青臭い私もあまりお酒を好まなかったのですが、注いで貰ったお酒のなんと美味しかったことでしょう。これが私のお酒の味を知った最初でした。

ある日のこと、仕事が終わった夕食後に、住職が私の宿泊所にジャンパー姿で来て、少しくつろいだ口調で「面白いところに連れて行ってあげようか」と言うのです。頷きながら一緒についていった所は、温泉旅館街の裏道にある、ガラス戸の古く薄暗い建物の裏口でした。「下駄を脱いで手に持って」と住職は言って自ら裏木戸から入っていくので、私も後を追いました。なんとそこは、人気もまばらなヌード劇場だったのです。しばらく踊りを見学して、住職と私は、怪しげな赤い電気のついている建物の裏口から、手に持っていた下駄を履きなおして何食わぬ顔でお寺の宿所に戻りました。

お寺の横裏には保育園がありました。級友がその園長職を引き継ぐために社会福祉の大学を出て僧侶の仕事を継ぐ話だったのです。翌日の朝、工事現場の横を元気に「おはようございます」と言って保育園児を連れたエプロン姿のお母さんが通りました。実はそのお母さんこそが、昨日の踊り子さんだったのです。住職は私の青臭い性格を心配して、私に成人教育をしてくれたのだと後で気が付きました。

●この旅行から考えたこと

四か月間の日本縦断一人旅が終わると、私はこう結論しました。「自分は少なくとも身体的に丈夫である。これからどんなことをしてでも生き延びることが大事だ。最小限の衣・食・住を得ることは、欲をかかず見栄を張らなければ難しいことではない。他人の世話にならず、普通の人と同じような格好をして、一定の生活リズムを作っておくことで、精神障害者のきょうだいであることを周囲の人に悟られずに生きられそうだ。そして、これだけ他人がやらないことをやれたのだから、世間の人がしている大抵の仕事を自分がやれないわけがない。だから自分自身の精神的発病も心配はない。もし自分が発病するような状態であっても、心の中ではなにを考えても、それはそれでよい。上辺を繕《つくろ》うことでなんとか乗り切れるだろう」と、完全に開き直りの境地でした。

それと同時に私は、自分と入院中の兄との生き方の相違について考えました。家族思いの兄は、いささか貧しい生活ながらも父が存命中に旧制中学校を卒業し、父親亡き後に長男として母やきょうだいの生活を維持するために家業を引き継ぐことを要請され、おそらく内心は渋々ながら家業に入りました。その頃恩師の娘さんへの恋慕の情もあったようですがやがて失恋し、多くの葛藤を抱えたまま悩んでしまいました。その挙句が、神経衰弱症の疑いという診断と精神科病院への不本意な入院です。

それにくらべて、私は小さなときの父の死や兄の発病などで普通高校にも進学できず、ようやくの商業高校も中退しましたが、その後はとんとん拍子に予想もしない大学にまで進学できて、二重生活とはいえ色々な生活や職業体験もできました。寂しいことも辛いこともありましたが、単独での日本縦断の山歩きと自転車旅行という常識から考えればとんでもないことまでできました。考えれば兄は、長男として貧しい家庭の犠牲になったのではないか。末っ子だった自分はなんと身軽だったのだろうか。だとしたら、今度は私が自分の兄を助けなければならない。そのためには、退院後にひとりでも社会生活ができるようにする精神医療と福祉の知識や技術などを習得して、兄を援助しなければならない、と考えました。

そこで、社会福祉の大学を志望した初心に戻り、精神衛生法改正で進められた地域精神衛生活動をするため、精神衛生相談員になろうと決めました。大学を卒業した一九六五年に、アメリカ大使ライシャワーさんが統合失調症の治療中断中の少年にナイフで刺された「ライシャワー事件」を受けて精神衛生法が改正されて、保健所に精神衛生相談員の配置が決まっていたのです。

こころ病む人の力になろうと決心すると、私の心の中で精神の病気に対する「遺伝・不治・危険」の不安がほぼ払拭されて、人付き合いの仕方もがらりと変わりました。子どもの頃の、末っ子らしい天真爛漫で楽天的で外向的な人付き合いです。自分の置かれた境遇の中で、最大限やれることをやるしか生きる道がないことを覚悟したからです。しかしこのように考えつつも、内心では、天涯孤独に生きてゆくことはできないかと空想のような願望も持ち続けていました。

こんなこともありました。前橋商業高校二年生までテニスのペアを組んでいた上京して証券会社に勤務している友人から、交際している女性に付いてフランスへ移り住むかどうかを相談されました。私自身が海外で暮らす願望があったので、彼に強くフランス行きを勧めました。彼はその一か月後に私の見送りのもと横浜港からフランスへ旅立ちました。しばらくして、フランスで暮らす友人に、自分も自転車で国内旅行をし終えたが、今度は自転車を持ってぜひフランス旅行をしたいので身元保証人になってもらえないかと手紙を書きました。当時、個人による外国旅行は渡航先に身元保証人が必要で、渡航者が滞在期間中の生活費を十分に持っていることも証明しなければならなかったのです。

折り返し友人からＯＫの返事をもらって、早速渡航の準備をしていたところ、予定の一か月前に今度はフランスから速達が来ました。「妻が妊娠したので、やはり生まれ育った日本で出産をすることにした。だから先日引き受けた君の身元引受人にはなれない。あしからず、ごめんなさい」との内容でした。またしても自分の空想は実現しませんでしたが、友達を恨むわけにもいかず、しばらくして外国行きは諦めました。

●こころの病いの専門職へ

一九六六年一一月、私は精神衛生相談員になるべく、大学の先輩の紹介で群馬県内にある民間精神科病院で約四か月間、看護助手として実習兼アルバイトをしました。その間、将来の家庭訪問などのために自動車運転免許も取得しました。

しかしその病院で見た光景は、私のような病人を身内に持つ者としてはとても耐えられないものでした。私はこの病院であれほど兄が嫌がっていた電気けいれん療法を手伝わされました。その頃使われはじめたさまざまな抗精神病薬が効かないので、入院中の重症のうつ病患者に電気ショックをかけるというのです。院長は私に「後学のために見ておくように」と言いました。畳の上に患者を寝かせ、ふたりの男性看護助手が患者の両手足を抑え、こめかみから電流を短時間に流すのですが、全身がガクガクとけいれん状態となり口から泡を出してぶるぶる震えるさまに、とてもショックを受けました。兄が精神科病院に初めて入院した当時は、まだ抗精神病薬が普及していなかったので、多くの患者と共にこの電気ショック療法を受けて、これは医療ではなく拷問だと言っていました。私も実際に目の当たりにして、兄の感じたであろう恐怖が他人事とは思えなくなりました。現在では、電気けいれん療法は、麻酔をかけて脳波も測りながらおこなわれるので、患者の負担も少なく安全で効果の認められる治療となっているそうです。

慢性期の病棟では電気ショックのような激しい医療行為もなく、緩慢な空気が流れていますが、患者と医療者との関係はやはり明らかに上下関係でした。精神科の患者の多くは病識が無いものとして看護者がすべての面で管理指導をしていました。病棟に鍵をかけられた上、一日中限られた病棟内での生活です。それでいて患者は服薬と内職作業以外の仕事もなく、したいことをできる行動の自由もわずかしかなく、医療者やほかの入院患者と友好的な関係も少ないので、日中のほとんどの時間を所在なさげに過ごしています。午後の散歩も、一〇人程の入院患者がスタッフに付き添われて、列を乱さないようにと叱責されながら河原をとぼとぼと歩くのです。その姿は前橋刑務所で出合った囚人さんよりみすぼらしく感じました。

入院患者への医療行為と言えば、看護助手による毎朝の点呼、検温、検脈拍、昨日の便通・尿の回数と朝食の確認、時々の体重測定です。朝の服薬の時間になると、廊下に患者を並ばせて口を大きく開けさせて、スタッフが薬を入れ呑み込むのを確認します。服薬せず吐き出してしまう人がいるためです。そして日中は、作業ができる人は小学生の学習雑誌の付録作成ですが、工賃は一か月でもたばこ銭くらいです。

医者の診察は週一回くらいしかありません。それも院長が病棟ごとに入院患者の様子を歩きながら観察する程度の回診と呼ばれるもので、院長の周囲には看護師長と数人の看護助手が付き、小規模ながら大名行列のようです。院長に退院希望を繰り返し訴える患者は、それがしつこい病状なのだと思われて「好訴症」などと診断されて逆に長期入院につながります。

職員の勤務体制の都合で四時半には夕食です。入院患者は夕食後にすることがなく、六、七人の大部屋で布団にもぐるか、時間を持て余して病棟の廊下を行き来するか、テレビを見る人が数人いる程度です。何度も廊下を行き来する人は看護記録に「徘徊」と書かれていました。九時消灯。不眠を訴える人には投薬があります。とにかく患者は、入院生活全般を通じて職員に完全に従順でなければならないように見えました。

時々看護師長から言われて、散歩の途中に自宅へ逃げ帰った人を収容に向かう自動車に同乗しました。自動車なら一五分くらいですが患者の歩く速度では一時間くらいかかります。自宅では老母が畑仕事をしていて、驚いてわれわれを迎えお茶を出してくれました。そこへ息せき切った患者がハーハー言いながら飛び込んできました。師長は落ち着いた声で「ご苦労さん。また逃げ出しても無駄だわよ」と声をかけ、脇にいたわれわれに抱えられながら患者は病院に連れ戻されるのでした。そして患者には保護室へ二週間収容されるなどの「懲罰」が待っていました。コンクリートの三畳一間くらいの便器付個室での生活です。患者には自宅に逃げ帰っても仕事や役割は特にありません。家にいても働かずにいる患者は、ひとりで生活できない弱さから結局は入院させられるわけです。そして入院するとますます家庭内の役割が無くなるのです。

ある日、師長から男性看護助手に招集がかかりました。調理場の伝さんが急に病状の再発をしたので、伝さんを緊急入院させるのを手伝うようにとのことでした。私は伝さんを病院の調理場の職員だと思っていたのですが、調理の腕を買われて病院の給食場で働いていた入院患者でした。大柄で人柄も良く、昼食時には皆から「伝さん、伝さん」と呼ばれて重宝がられていた人でした。午後三時ごろ、まずふたりの看護助手が看護宿舎の伝さんの部屋へ近づきドアをノックして、ドアを開けて二言三言声をかけると同時に、すぐさま廊下で待機していた三人の看護助手が駆け寄り、大柄な伝さんの身体を押さえ、医師が睡眠薬を筋肉注射しました。伝さんは意識がもうろうとしても、自分を押さえ込んだ私たちひとりひとりにはっきりと「お前は遅刻ばかりしているやつだ」「お前は人に隠れて不道徳なことをしている」「滝沢は実習と称してちゃっかり自動車運転免許まで取っているずるい奴だ」となじりました。日ごろ穏やかな伝さんは、こうして暴力的な方法で別の病院へ移送されました。

こんな病院の状況を見て、とてもこの場所が兄をはじめとした繊細な心の持ち主である入院患者の心を癒す病院とは思えませんでした。そんな訳で、予定していた実習期間が終了してすぐに別の就職先探しに動きました。

第2章　ソーシャルワーカーとしての歩み

●専門職生活のはじまり

一九六七年、精神障害者の心を癒す役に立ちたいと密かな志をもって神奈川県の職員となって、三浦半島の突端の三崎保健所勤務と、研修のための神奈川県立精神衛生センター勤務の辞令を受けました。当時、神奈川県立精神衛生センターでは、新人職員に精神衛生についての精神医学の知識や看護知識の研修を頻繁に受けさせてくれました。その内容は、イギリスやアメリカの「地域精神衛生活動」と呼ばれる先進的な地域リハビリテーションの相談・訪問活動などが中心でした。ちょうどアメリカではジョン・F・ケネディ大統領が出した「ケネディ白書」に基づいて、精神科病院の長期入院患者を退院させ、地域社会でケアするという脱病院化の試みをはじめた時期です。研修を企画した精神衛生センターそのものが「ケネディ白書」にならって設立されたような所でした。

当時の三浦市は、人口四万程度のマグロ漁港と城ヶ島で有名なだけの町で、一年前の原宿や新橋、新宿の雑踏とくらべると実に都落ちの感がしました。保健所の保健福祉に関する職員はケースワーカーひとりと四人の保健師だけだったので、三年間ひたすら精神障害者とその家族や登校拒否の相談と家庭訪問をしながら、時には三歳児検診の個別相談や伝染病の防疫業務も手伝わなくてはいけませんでした。

ちょうど一九六七年から翌年にかけては、世界保健機構（ＷＨＯ）顧問のクラーク博士が日本の精神医療機関を訪問調査して、精神科病院への長期入院を改めて地域精神医療活動を発展させるように日本政府に勧告した時期でもありました。三崎保健所管内の民間精神科病院である初声荘病院（現在は福井記念病院）では、鍵や鉄格子の無い全開放病院を目指していて、イギリスで実施されていた「治療共同体」（病院や施設を、医師・職員・患者の対等な対話と交流によって運営する開放的な環境にすることで、患者の精神と行動の変化をうながす治療技法）の実践をしていました。

しかし保健所に来る相談は、精神科病院退院後の生活設計や就職支援などの社会復帰の相談ではなく、失業状態で家にいて家人といざこざを引き起こしてしまう本人をどうやって入院させるかという相談が多く、私はまた迷い始めました。これでは単に精神科病院への水先案内人でしかなく、兄の社会復帰を考えるのに役立たないと感じました。

二年目くらいからは、初声荘病院で当時全盛だった完全開放病院治療の一環として、毎週水曜日の夜の医局会に参加し、医局員たちの出身病院である横須賀の精神科病院の月二回のケース研究会にも通いました。個人的には、教育的トレーニングとして精神分析的カウンセリングを、韓国出身でハーバード大学卒業の精神分析医のもとで一年半、医局会の後、夜間に毎週二時間ずつ受けました。私自身の内面の整理と人生観を確立したかったからです。

三崎と横須賀のふたつの病院の医局の方々から、イギリスの「コミュニティケア」（患者が病院ではなく地域社会とつながりを持ちながら暮らせるように支える仕組み）と「治療共同体」を詳しく知らされたのも二年目のことでした。

当時は三崎保健所管内のこの精神科病院自体が「病院の社会化」やイギリスの「治療共同体」「全開放病棟治療」を目指していたこともあって、保健所として横のつながりを作るために、病院や学校との太いパイプづくりをしていました。

具体的には、院長と副院長は保健所嘱託医として地域ごとの入退院患者の事例研究会を開いて地域の患者の実情を把握しました。保健所のスタッフは保健師とともに、地域とつながる活動として地域住民も招待して夏には盆踊り、秋には運動会などを積極的に開催しました。また入院患者が喫茶室のスタッフとして働くことや、市議会選挙の時には候補者を招いて選挙演説会を開くこともやっていました。院長が市教育委員会の嘱託医として、肩書きにとらわれることなく、中学校の不登校児の生活指導や教師との研究会も定期的に開くことも試みました。さらにアルコール依存症の予防・治療活動である断酒会活動にもかかわりました。後に有名になったアルコール依存症専門医療機関である国立久里浜病院への入院の繰り返しを減らすことを目指して、自助団体の県断酒会三浦支部づくりのために意識的に家庭訪問を繰り返し、病院のケースワーカーや当時久里浜病院で活動していた堀内医師（小説家で有名な、なだいなださん）や、河野院長を訪ねました。

しかし、この時期の三崎保健所での相談の多くは、家族からの入院相談が多く、私の個人的関心である社会復帰相談は極めて稀でした。私は前任の職員が入院斡旋をした病院を訪れ、入院中の患者と会って希望を聞き歩き、家庭訪問を精力的におこなって、退院の可能性を探りました。時には在宅中の患者訪問をきつい声で拒否されたこともありました。保健所の職員が来ると、また入院させられるからだと言われました。自傷他害のおそれのあった措置入院患者への保健所からの家庭訪問などには、なんと危険手当がつきました。患者をことさら危険視するような手当が出ることに疑問を感じたので、私は請求しませんでした。

そのほかにも三歳児検診のフォローアップとして発育、行動、言語発達の度合いについての面接と相談、また民生委員や地区役員などにメンタルヘルスの重要性を伝える講演会や衛生教育のためのスライドづくりなどもおこない、この三年間は私にとって給料を貰いながらとても勉強になりました。専門的な職員になるにはこうして経験を積んでいくのだと感じました。その後、石の上にも三年のことわざ通り三崎保健所で三年間勤め上げたので、もっと社会復帰支援の仕事がしたくて転勤希望を出しました。

三崎保健所から転勤する一九七〇年は、朝日新聞の大熊一夫記者がアルコール依存症を装って精神科病院に入院してその実態を暴いた『ルポ・精神病棟』を連載し大きな反響を呼んだ年でもありました。イギリスでは国公立病院の精神科医しかできない強い行動制限を伴う「強制入院」の判断が、日本では資格制度によるみなし公務員として民間病院に勤務する精神衛生鑑定医の恣意的な簡易鑑定によっておこなわれ、鑑定医のいる民間病院がほとんどの入院の受け皿になることで民間企業体の精神科病院がどんどん増えていました。退院できない長期入院患者が増大し単科民間精神科病院に蓄積することで、人口あたりの病床数も世界で一番高くなっていた時期でした。

三崎保健所に勤めてからは、いろんなことに関心を持って、相手を誘ってテニス、山歩き、スキー、旅行、酒席の交流、組合活動などに以前のようにとまどうことなく、積極的に付き合うようになりました。毎月の給料の半分程度を定額貯金にして、一年目の満期には家庭訪問に必要な自動車を買い、二年目には小さい時から憧れていたピアノを買って練習し、三年目には施政権返還前の沖縄に二週間滞在して、左ハンドルのレンタカーを借りて沖縄全土の精神科病院を訪問する旅行をしました。仕事にも余暇にも充実した日々でしたが、ソーシャルワーカーの修行時代の心境で、精神障害者問題に関することや保健所の仕事を優先する生活でしたから、心の中に沸き起こるほのかな異性への関心は常に抑えがちでした。

この頃、横浜の書店で、国連事務総長ダグ・ハマーショルドの著書『道しるべ』に遇《あ》いました。

そこにはこう書いてありました。

疲れた／そして、ひとりきりだ。／疲れはてて、／気が滅入るほどだ。／岩間には／雪解け水がたばしる。／指はしびれ、／膝がふるえる。／いまこそ、／いまこそ、手を緩めてはならぬ。

ほかの人たちのゆく径には／陽の当たる／休み場所があって、／そこで仲間どうし出会う。／だが、ここが／おまえの道なのだ。／そして、いまこそ、／いまこそ、裏切ってはならぬ。

すすり泣け。／できるものなら／すすり泣け。／だが、苦情は漏らすな。／道がおまえを選んでくれたのだ――／ありがたく思うがよい。〔ダグ・ハマーショルド『道しるべ』（新装版）鵜飼信成訳、みすず書房、一九九九年〕

精神障害の兄の社会復帰の仕事を選んだ時、その至る道はかなり困難なことが予測されて、色々と思い惑うことが多く、いくつもの不安を心の内にかかえていました。そんな時この本に出会って「お前が選んだ道ではない。道がお前を選んだのだ」と言われた気がしました。この時期の私は表面的には明るく活動的な青年に見られていたのですが、内心はいつも色々なことで葛藤していました。

●きょうだいであることの告白

ソーシャルワーカーを志す以前、兄の病いについて母やきょうだいが話すのを聞いて、私も世間体が悪い、恥ずかしいという感覚に襲われることがありました。母やきょうだいにしても、昔からの伝習や偏見になんとなく染まっていたのでしょう。私自身も悪餓鬼で、近所の身体の不自由な人、耳の不自由な人にも差別的なからかい発言などをすることもありました。それでいて自分が言われる立場になると思った途端、多くの葛藤を抱えるようになり、今度は病気の兄がいることをいつ他人に話すかという迷いを抱えることになりました。

そんな青年期の頃、偶然手にした本が島崎藤村の『破戒』でした。主人公の丑松が教壇で生徒たちに「自分は部落民です」と告白するシーンに、私は大きな衝撃を受けて涙したことを覚えています。この本は、私のその後の生き方に大きな影響を与えてくれました。精神障害者家族だということをわざわざ意識することが差別なのではないかと思うようになったのです。

その後、初めて黒人に出会った時にもそう感じました。私がアメリカ映画の中でしか知らなかった黒人と身近な距離で会ったのは、施政権返還前の沖縄旅行に行った時のことでした。那覇市のレストランで黒人女性の店員さんが運んできてくれたコップの水を口にする際、私の手が瞬間的に怯《ひる》んだのです。自分のためらいに気づいた私は、料理を食べても味を感じない状態になりました。黒人差別とはこういうものだと感じた瞬間でした。

そんな時、ハンセン病によって皮膚に後遺症が出ている写真を見て違和感を覚えたことに思い当たりました。病気の影響なのに、どうして自分は違和感を覚えるのか。同じ人間なのに、どうしてこれほどまでに色々な優劣感を持つのか。自分ながら不思議に思えてなりませんでした。

そうした自問を抱えながら、精神障害者の両親との面接で自分の母親とまったく同じ苦労を聞いていると、自分がそのきょうだいであることを伏せたままでかかわることは、なにか不誠実な態度だという心境になって、実は自分もあなたと同じ精神障害者の家族だからなんとかしたいのだ、と打ち明けました。それ以後、その母親の対応が変わり、隠すことなく心の内を吐露してくれました。こうして人間として本音で語り合った後は、自分の役割を自覚的に考えられるようになりました。それからは、保健所職員の中でも保健師や医師などのスタッフにも、折に触れ自分がきょうだいの立場で精神衛生相談員になったことを話して、仕事を続けてきました。

しかしそんな私の態度に、ある同僚から「滝沢は家族であることを売り物にしている」と批判を受けました。私にはその意味がわからないままでした。たしかに研修の時に「専門職は常に客観者であれ。個人的・主観的言動は慎むべし」と教育されたこと覚えていますが、やはり専門職も人間であり、共感的交流も止むを得ないと思っていました。人間の心の問題に対して、常に客観的であり続けることは、私には不可能に思われたからです。とはいえ、あまり主観的・感情的過ぎることも不適切であることは明らかです。はたして人間的な専門職になるにはどうしたら良いか、ずっと私にとって課題であり続けました。

いままで、私と同様に精神障害のある肉親がいることが医療・福祉の職に就く動機になった人とたくさん出会ってきましたが、自分自身の動機やきょうだいの存在を広く明らかにする人は少なかったように思います。心のどこかに、差別的評価を受ける不安がある限り、自分自身を語ることは少ないのかもしれません。

●地域家族会と制度改正の試み

三崎保健所からの転勤希望を出して、一九七〇年に神奈川県の相模原保健所へ転勤となりました。今度は新宿からの通勤圏で急激な人口増加を続ける地域でした。人口二五万、三崎保健所の八倍と大きな地域でしたから、保健所も支所を抱え、保健師も本所、支所ともそれぞれ六、七名ずつくらいの配置でした。それでも、ソーシャルワーカーは私ただひとりです。苦肉の策として、月、水、金曜日は本所へ出勤し、火、木、土曜日は支所へ出勤することにしました。

月に二回は、県精神衛生センター職員と嘱託医の管内病院副院長を迎えて合同ケース研究会を開いていました。群馬大学医学部の精神科医が主張する「生活臨床理論」（患者が地域の生活者であることを重視して、社会生活上の助言、指導を柱とする治療理論）を取り入れようとした熱心な予防課長が研究会の司会役をしたので、地域で家庭訪問する保健師も多数参加して、かなり議論が盛り上がりました。それを契機に保健所から定期的に統合失調症者家族を中心に呼びかけ、まず家族教室を開催しました。二年間で二〇回程度、平均二、三〇名の集まりを続けて、一九七三年にようやく相模原地区精神障害者家族会組織「みどり会」の結成となりました。神奈川県立保健所では第一号の地域家族会でした。

当時すでに、川崎市には保健所ごとに七地区の家族会の集まりがあり、川崎市精神障害者家族連合会「あやめ会」ができていましたが、県行政当局は、このような当事者団体は行政への圧力団体になるかもしれないので積極的にかかわらないほうがよいという雰囲気でした。

みどり会では、元外航船無線士で父親のAさんが「何回も家族教室を開いていろいろな勉強をするのもありがたいが、病院でできないこと、とりわけ社会復帰施設づくりなどを家族が団結しておこない、言うべきことは言う会にしなければ、なんの役にもたたない」と断言して、自ら世話役五人を選び出しました。こうした家族会員の熱血に私は支えられたものでした。

Aさんとのかかわりでは、彼の長男が退院のたびにAさんと衝突をして措置入院を繰り返していたので、それを避けるためになにをするべきかを話し合いました。退院する長男に、横浜市内に住む妹さん夫婦の近くにアパートを借りて住んでもらい、数日に一度の食事提供と洗濯、掃除などの退院生活の支援を妹さんにしてもらったところ、その後は再入院を避けられて、Ａさんの長男は生活保護を受けながら、自宅で趣味のデッサンにひたすら打ち込む自立生活を続けられました。このような経験からも、私は精神障害者が、専門職員でなくとも誰かの手助けを受けながら社会で自立生活をする意味を学ばせてもらいました。

相模原保健所へ転勤して三年目には、仕事の上でいろいろなことを論議し合い、レクリエーション仲間でもあった妻に療養中の兄のことをすべて話した上で結婚しました。東京の神田にあったＹＭＣＡで会費制の結婚式を開きました。兄はその時入院中でしたが、ひとりでは外出の許可が出ないので同僚の友人が八王子の病院から兄を送り迎えして参加してくれました。結婚後の住まいは大学時代の友人に勧められて、大磯の町外れの潰れた病院敷地内にあった職員宿舎を借りて住まいとしました。夏には広い敷地内の真っ暗な庭に、うっすらと白く光る自生の夕顔が咲き、風呂あがりの夕涼みも格別のもので、生きていて良かったと思ったものでした。

● 精神医学論争と家族・きょうだいの思い

相模原保健所に在職して三年目は、私が念頭に置く地域精神障害者リハビリテーション活動の学習の場と思って参加していた第七回地域精神医学会の総会が「日本の地域精神医療活動は保健所による精神障害者の地域管理体制づくりだから反対」という精神科医グループの介入で解体となった年でした。その背景には、精神医学界の大きな論争がありました。

一九六〇年代に欧米で薬物治療や閉鎖病棟を否定する「反精神医学運動」が巻き起こりました。おおまかに言えば、精神医学や精神医療こそが精神病患者を作っているという精神医療批判です。一九六四年に起きたライシャワー大使事件以後、日本でも「病院へ入院させることは問題だ。精神医学は実際には患者をただ作り出すだけだ。精神科病院は廃止すべき」という「反精神医学論争」が巻き起こっていました。特に事件を起こした精神障害者を自傷他害のおそれを理由に入院という形で拘禁するのは、精神障害者の健康回復や人権よりも社会の安全を目的とする保安処分に等しいという問題提起があり、精神医学に関する学会や、大学病院、司法の中でも鋭く対立していました。私は精神医学が科学的な学問だと思っていましたが、政治的・社会的な問題を含んでいるらしいと気づきはじめました。

精神医学の歴史の本を読んでみて、身体医学では絶対起きないような、医学そのものを否定するような論議や社会思想が精神医学にかかわる背景について、三つのことがわかりました。ひとつは、精神医学には生理学的・生化学的検査方法がほとんど無いので科学的根拠に乏しいこと。ふたつめは、自然科学的でなく社会科学的・人文科学的な学問でもあること。三つめは、精神医療が人の心や思想を管理して社会秩序の安定を図る手段として利用されていることです。たとえば、ソビエト連邦では多くの反政府主義者を狂信的思想の持ち主として精神科病院に収容していると言われていましたし、西側諸国も例外ではありませんでした。わが家の兄も「自分のわがままを言って仕事をしない。家庭内で期待する役割を担わない」と受け取られ、社会規範に反していたために精神障害と診断されたのでした。

　こうした終わりなき論争は、精神障害者のきょうだいであり職業者としての私から見ると、医者同士の職業的主導権や社会的地位のかかった理論闘争の様相に思えました。私も最初に勤めた三崎保健所では、若いが故に組合活動に引きずり込まれて、政治や思想的なことを学習する機会がありました。思い返せば、私の出身大学の多くの教員は、戦後の新しい民主主義や社会主義的思想を十分に持った人たちだったと思います。それまで私は精神医学や学問そのものに大きなコンプレックスを持っていて、精神医学を敬虔なまでに信奉していました。兄を他の多くの患者と共に治療し社会復帰させられる科学性のある学問と信じていただけに、精神医学は必ずしもそうではないと気づいて、実に複雑な心境でした。ものごとの評価や価値判断はあまり単純に考えるのではなく、複眼的に見つめなおすべきだと考えるようになりました。

●精神科リハビリテーションを学ぶ

相模原で家族会の立ち上げを終えた後、精神科リハビリテーションに強い関心を持ちました。当時の精神科リハビリテーションは、急性期の病状が治まるのを契機に、長い入院生活によって意欲の低下や感情の平板化をおこしてしまう施設症を防止するためにできるだけ入院をさけて、作業療法やデイケアによって患者の自立を促して社会参加へのステップとする方法です。

三崎保健所や相模原保健所での経験から、長期の入院ではなく、入院しないで地域で社会生活をしながら治療を受けることが重要であると気づいたのです。

そんな中、一九七二年に川崎市に日本で初めての精神障害者社会復帰医療センターが、家族会連合会による市への陳情によってできたのを知りました。今のまま県立の保健所勤務を続けていても、いつまでも社会復帰活動ができないのなら、私自身もきょうだいなので家族会という当事者団体活動と共に社会復帰促進活動ができないかと考えて、政令指定都市の川崎市の社会復帰医療センターへの転勤を、勤めていた神奈川県と相模原市へ働きかけました。ところが、社会復帰医療センターへの転勤は、身分法も国家資格もない精神衛生相談員という公務員任用上の新しい職種となるので、あらためて川崎市の職員採用選考試験を受けるほかなく、試験を受ける前に小田原保健所勤務の辞令が出てしまい、転勤することになりました。

一九七三年春に転勤した小田原保健所では、自傷他害などの措置症状の無い患者まで事務的に措置入院させている民間精神科病院の実態を経験しました。五月の土曜日、午後二時過ぎから小田原保健所の職員旅行がある日でしたが、一〇時半ごろに保健所管内の病院から電話が掛かってきました。両親に連れられて外来に来た患者の措置入院手続きをしてほしいとの、一方的な連絡でした。

私は電話で「新しく赴任してきたソーシャルワーカーの滝沢と申すものですが」と挨拶し、とりあえず病院を訪問するから患者に会わせてほしいと依頼したところ、病院の職員に「あなたの前任者はすぐに手続きをしてくれたのに」と言われました。私が依頼された措置入院手続きとは、自傷他害のおそれや疑いがある患者の鑑定手続きに関することです。警察からの通報ならともかく、病院の外来からの連絡のみで措置申請書を書くわけにはいかないことを告げ、「保健所の精神衛生立会事務吏員である私にも、一度患者さんの様子を確認させてください」と伝えましたが、ガチャンと電話は切られてしまいました。すぐに県庁の精神鑑定担当係に電話をして確認すると、病院の意見に従うようにとの指示でした。どの程度の自傷他害の可能性があるのか再度病院に問い合わせると「ではあなたが自分で患者の様子を見ればよい」と言って患者と両親をわざわざ保健所にタクシーで送り届けてきたのです。

保健所の玄関に来た女性の患者は、コンクリートの床に倒れるように座り込んで入院を嫌がり、泣きじゃくりながら老父母に抵抗していました。この状態では、確かに高齢の両親との同居も難しく、また自立生活もできない。しかし自傷他害の懸念があるとはとても考えられないので、もし入院治療が必要だとしても、入院費は生活保護などにして同意入院にすればと考え、自分の車で病院に同行しました。病院の窓口でも、措置入院を主張する病院の事務長と相当やり取りをしましたが意見が合わず、県庁の担当者と話し合ったところ、措置入院で了承するようにとのことでした。結局、やむなく私は措置申請書を受理する形で事を治め、三〇分ほどで医者の鑑定は終わり、患者は泣く泣く措置入院となりました。

その一か月後、私は川崎市の社会福祉職選考試験を受験して、ようやく川崎市社会復帰医療センター勤務となり、ホステル部門の「もみの木寮」に勤務することになりました。

●共同住居と地域作業所を学ぶ

一九七三年七月に入職した川崎市の社会復帰医療センターでの仕事は、主に共同住居「もみの木寮」でのケアと就労支援です。私は川崎市にあった精神障害者地域家族会に大きな関心があったので、家族会の事務局支援をすることを兼ねて、センターの共同住居部門の利用者支援の仕事をしました。

共同住居の利用者のほとんどは私や兄と同じように地方出身で、川崎の企業に勤め、やがて発病が契機で退職し、再就職や社会復帰を希望する人たちでした。私は、もみの木寮の入所者が自分や兄と同じ境遇であることに強い関心と共感を持ち、仕事を終えて帰ってきた彼らの話をゆっくりと受け止めるよう努力をしました。以前に勤めていた定時制高校の生徒もそうでしたが、働いている人にとっては、継続的な就労が本人にとって意味のある社会参加であって、本人に意味のある社会参加ができれば病気が治ったと言える根拠になるのだと思いました。

しかし現実の目の前にいる利用者の多くは、ひとつの職場に長続きせず、センターのスタッフの頭を悩ませました。スタッフも大学を出たばかりで、非常に熱心ではあるけれども、生活経験や企業での就労経験を持たない人が多く、利用者の職場定着などについて議論するとき、抽象的な理論になりがちでした。

しかし、スタッフの経験の無さばかりを責めることはできません。当時、大分県の「太陽の家」という身体障害者の保護工場が「自分たちも働ける」とマスコミに取り上げられていました。太陽の家の活動の背景として、民間企業の障害者雇用を財源的にバックアップする「身体障害者雇用促進法」が大きな影響を与えていることを、私も知りませんでした。一方で、全国の多くの民間精神科病院でおこなわれていた一般民間企業での外勤作業や院内作業は、患者を低賃金労働者として資本家に売り渡すものだという批判が、日本精神神経学会でありました。私が勤めている社会復帰医療センターも、就労管理をする中間施設だと批判を受けていたのです。

もみの木寮のスタッフは、ユニークな活動をしていました。従来の利用者とスタッフの関係にみられがちな、受け身の者と働きかける者という上下の関係ではありません。できるだけ対等に、利用者の立場を配慮するために面接場面なども工夫をして、職員がポケットマネーを使って喫茶店で面接をしたり、時間も相手に合わせて職場からの帰寮後の夕方や夜間に面接するなど努力をしていました。

それでも、病気の再発や再度の失業、退職などのために、二年間の入寮期限内に自立生活の準備を完了する人はごく少数でした。多くの回復途上者は、失職、再就職のたびに雇用条件や経済状況が下降傾向を示し、そのことがまた彼らの就労意欲を低下させてしまうのです。退寮後も、公立施設の冷暖房完備、バス・トイレ付きの快適な生活から、大都市の安く古い賃貸木造アパート生活に移ってひとりで自立生活をするのはギャップが大きく、社会復帰に多くの困難がみられました。実際に、利用者が退寮して自立する「利用回転率」が低くとどまっていることを懸念する川崎市内の各保健所や外部からの声もありました。

そのため、私たち寮職員は思案の末、ポスト生活寮として近くの民間アパートを職員有志が自腹を切って借り上げ、主として生活保護長期受給者に生活寮からの転出を勧めるという、グループホームのはしりのようなことを、ボランティアで試みました。私もこのような市民活動による自分の兄の生活寮づくりをしたかったので、積極的に参加しました。この試みは約四年で賃貸契約が終わり、無事に役目を果たし実験成功と安堵の声を上げました。

グループホームは「住まい」の支援ですが、次の課題である「就労」の支援として、川崎市のリハビリテーションプランでは、公的な保護工場（シェルタード・ワークショップ）設置を予定していました。雇用をめぐる競争から保護された、訓練と雇用のための施設づくりです。その頃横浜市内で、既存の知的障害者施設に入所できない知的障害者のために、福祉に関して素人の母親たちによって、在宅生活訓練所として作業所が運営されているのを知りました。私と一緒にその作業所を見学した家族会役員からも、こんな形なら自分たちでも作業所を作れそうだということになり、実行委員会がスタートしました。

ところが、一九七三年のオイルショックで、川崎市の総合リハビリテーション・プランが見直しとなりました。公立公営での保護工場の計画も中止です。家族会活動の方は、市内七箇所の保健所を中心に、保健所のスタッフの呼びかけで組織されていて、事務局は保健所スタッフが担当していました。私は家族会連合会の事務局支援担当として、七つのそれぞれの単位家族会例会にも出るようにしていました。

それらの実務行動と並行して、全国の都道府県で開かれている社会福祉大会の神奈川県大会で、精神障害者福祉のアピールを障害者本人や県の家族会会長などと共におこないました。そのアピールによって精神障害者福祉研究会を立ち上げ開催することになりました。一九七八年のことです。全国で初の都道府県社会福祉協議会レベルの精神障害者福祉に関する研究報告書が一年半年後にできました。精神障害の問題が、初めて精神医療分野ではなく、福祉の分野で扱われ、ようやく社会福祉協議会で認知されるようになったのです。

精神障害者福祉研究会が縁となって、神奈川県社会福祉協議会内のボランティアセンターから、もみの木寮入寮者の退所後の生活に必要な布団や洗濯機など生活用品の調達をしてもらえることになりました。私も慣れないトラックの運転をして、アパート転出者に無償配布することができました。

また、社会復帰医療センターに勤めはじめたころ、夜間ケアを学ぶために横浜にある岡野福祉会館という生活困窮者のための救護施設に、センター勤務の帰りがけに通わせてもらいました。岡野福祉会館では入所者の半数を精神科病院退院者が占めていたのです。しかしながら、厚生省の方針では、救護施設はひとりでは自立できない生活困窮者のための施設であり、精神科病院退院者の受け皿ではないので、救護施設では職業リハビリテーションはおこなわないということでした。精神衛生法にも「精神病床以外の施設収容禁止条項」があったので、利用者はやむなく寛解者・回復者として救護施設を利用していました。もみの木寮も、この救護施設を参考にして設立運営計画が練られたと聞きました。

●家族会による地域作業所づくり

社会復帰医療センター勤務になってから二年後に、川崎市内の中原保健所の職員の病気休業により、県立保健所勤務経験者として私が着任しました。この中原保健所の管内に社会復帰医療センターがあり、センターの所長と懇意な保健所長と熱心なワーカーがいたこともあって、センターが開設された翌年の一九七二年から、保健所内の一室で作業を中心とするデイケアをはじめていました。

作業デイケアに地元から通うベテランの通所者のなかには、転勤してくる新しいワーカーに作業手順や技術を教えるほどの人もいましたが、本人は生活保護を受け、近所には保健所に働きに行っていると言っていたそうです。近所の人や友人に、保健所に仕事に行くと言える事が、通所者のプライドを支えていることがわかりました。

保健所でおこなう狂犬病の予防接種や三歳児健診時の受け付け事務の仕事をする臨時職員として雇う、あるいは保健所長の奥さんの自宅兼診療所で家事手伝いとしての雇用も試みていました。私はここでも、本人の病状もさることながら、昼間はなにかの仕事や作業をし、多くの市民と同じ生活リズムを持っていれば、ほぼ治ったと言えるかも知れないということを教えられ、兄の退院と自立生活の目標を考え直しました。

センターへ勤めはじめた一九七三年には、長女の僚子が生まれました。休みの日に自転車に乗せて散歩した畑や田んぼの残る大磯の地は、実にのどかなものでした。しかし川崎へ通うには大磯駅から自宅が遠いので、やがて家庭保育福祉員が家主をしている大磯駅近くのアパートへ引っ越しました。一年後の一九七六年には長男誠司が生まれ、血液型不適合でしたがすくすくと育ちました。その年、大磯の海際の今の家を買って引っ越しました。

さらに二年後、川崎市精神衛生相談センター勤務になりました。これまでより多くの時間を市家族会連合会事務局業務にかけながら、断酒会の単身者会例会、アルコール外来診療や一般精神科外来の相談、所内作業デイケア業務に従事し、今度は保護工場（シェルタード・ワークショップ）設置研究会に参加しました。先述したように一九七三年のオイルショック後、川崎市の精神障害者の総合リハビリテーション・プランも変更を余儀なくされました。市単独の公営による精神科保護工場構想も断念せざるをえなくなり、市家族会連合会では代案を検討中でした。

一九七八年に、家族会連合会は移転した高津保健所跡の建物を借り受ける条件で、家族会運営の地域作業所（ワークショップ）づくりに歩み出しました。私は、毎日午前中はこの「あやめ作業所」に出勤し、午後に相談センターの勤務をしていました。当時のあやめ作業所のリーダーたちは、小企業主の会長が陣頭指揮をとり、中堅企業や大企業に三、四〇年勤務した現場経験のある定年退職した父親四人が現場の責任者を務め、会計を母親たちが務めました。

もちろん全員が無給で、保健所跡地の栄養室の床張り換え作業から共同して作業所づくりに精を出しました。社会生活のベテランである家族会役員は、私たちのような若い公務員ワーカーよりもずっと器用に日曜大工もこなし、元の職場から工作機械を貰い受けたり、導入した工具の改良やタイムレコーダーの設置をしたり、自分が進んで手本となって多くのメンバーに職業指導をして、作業所づくりにおける活躍は目をみはるばかりでした。

こうして共同して作業所づくりをすすめながらも、私たち専門職員の非力さゆえに、長い間医療費を支払い続けている医療・福祉の受益者であるべき家族会員が、定年退職後の悠々自適の生活をなげうってボランティアで作業所づくりに励む姿に、これでよいのだろうかという疑問を禁じえませんでした。それでも、月一度の作業所の給料日にメンバーと職員が居酒屋で鉢合わせして、多くの客で混雑しているテーブル越しに乾杯の杯を遠くから笑顔で高からかに上げるとき、作業所づくりをやって良かったと思いました。私の内心では、個人的に兄をもみの木寮や作業室などへ通わせられないかとも思いましたが、兄が都内の病院にいることや、すでに多くの待機者がいる状況ではあきらめざるを得ませんでした。

●きょうだいとして専門職としての悩み

このようないくつかの経験から、精神科ソーシャルワーカーという治療者側の立場に居続けることに、私は大きな悩みを持つようになりました。それは「自分の兄についてろくな社会復帰支援ができないのに、他人の社会復帰支援が本当にできるのか。おまえは給料をもらえるほど仕事をしているのか」という自問でした。かなり深く悩んだあげく、私はあらためて兄の退院と社会復帰に強く動いてみようと考えました。本音を言えば、今まで社会復帰支援として具体的になにをしたらいいのか、わかっていませんでした。また、すこしわかりはじめたときは、専門職員なのだから自分の兄のことは後回しにするべきだと考えてきたのです。葛藤したあげくですが、手始めに兄には私が懇意にしている三浦半島の開放的な病院の医師のもとで治療を受けるために転院してもらうことにしました。

一九七四年秋、兄には三浦半島の初声荘病院に移ってもらい、連絡を密にしながら様子を見ました。転院した兄はいままでの病院と違う開放的な雰囲気に慣れるのに一苦労したようですが、次第に自分ひとりで外泊をしたり、外出や外泊時に私や連れ合いが自動車で送り迎えをしたりしながら、退院の機会を探りました。

その頃でも、兄と医者や私たちとの一番の議論は、株の売買でした。私の心には、多少の病状があってもなんとかひとりで生活してくれれば良いという考えが徐々に芽生えてきて、兄とじっくりと話し合いました。兄もやはり、いくら開放的でも病院は病院だからぜひひとも退院したいし、株も買いたいと言いました。

一九七七年に「青い芝の会」という脳性まひ者の団体が「車椅子で公共のバスに乗せろ」と川崎市内でバスの前に座り込みをしたニュースが報じられました。私はその人たちの主張を聴いてみたくなり、同じ運動をしている東京江戸川区の団体事務局「青銅の家」を訪ねました。重度の脳性まひ障害者と五時間に及ぶ面会で、ボランティアの力を借りて家族から離れて生きる壮絶ともいえる生活と生きざまを聴いて、これだけハンディキャップを抱えてもなお地域で生きたいという主張に大きく共感し、治療優先といえば聞こえが良いが世間体や外面にこだわる私の偽善的で保守的な態度が、兄の人権を侵害してきたのではないかと気づきました。

すでに五〇歳を超えている兄になにかしらの生活上の支援が必要であっても、金銭的にも社会資源の利用からもカバーできる力はあるし、なによりも青い芝の会のメンバーのように家族から離れ早く自立生活をしなければ、ますます年をとってしまい、いたずらに人生の貴重な時間を無駄にしてしまうと感じたのです。

●ヨーロッパの地域精神医療の映画撮影と視察

兄に開放的な病院に移ってもらった直後、三崎保健所時代からずっと聞かされてきた海外の医療・福祉の情報を確認すべく、私がモデルとしたイギリスを中心にヨーロッパにおける精神障害者の地域社会での生活ぶりを一六ミリフィルム撮影するために、公務員職を退職することにしました。

きっかけは、中原保健所の同僚ソーシャルワーカーから日本の精神科病院の映画撮影をしている人の映画上映会に誘われたことでした。じつは私自身も三崎保健所勤務の頃、地域の民生委員向けにモノクロのプロジェクターに映すスライド写真を作成し、地域の精神障害者の社会復帰に理解と協力を求める衛生教育をした経験がありました。

この映画会で見たものは、カラーだったことも一因ですが雰囲気がとても明るく開放的で、私が制作したスライドより格段に説得力のあるものでした。上映会が終わり、映画を撮影した円城寺さんと共に居酒屋で懇談をしました。アルコールも入った私たちは、今度は海外の地域精神衛生活動の撮影をしてみようと意気投合して約束をしてしまいました。しかし、川崎市の精神保健業務としてイギリスの地域精神衛生活動の映画を制作することなど不可能でしたから、私が川崎市を退職して計画を実行するしかないという結論になりました。私にとっては三度目の公務員退職となるので、大いに悩みました。

ちょうどその頃、わが家に義妹夫婦が同居することになりました。やがて私たち夫婦にも次女響子が生まれ、義妹たちにも長男と長女が生まれ、賑やかでしたが、共働きを続ける私たちも助かりました。双方の子育ての時期に、母親の役割を妻と義妹が協力し合ってくれたからです。義妹夫婦も私の兄のことは知っており、兄が病院からの外出で私の自宅に来るときには一緒にお茶を飲みました。幼い義妹夫婦の子どもたちを抱っこしてくれる様子は、まるでおじいちゃんのようだと話していました。

結局三度目の公務員退職の時は、次女の響子が生まれて三か月しか経っておらず、住宅ローンも残っており、公務員在職二〇年の年金資格取得条件寸前の退職となるので、円城寺さんとの約束とはいえ退職することにかなり葛藤もしましたが、結婚前の約束通り連れ合いが働き続けてくれると言うので退職の決心ができました。

イギリスでの映画撮影の手掛かりといっても、単に話に聞いていただけのことであり、当時の国立精神衛生研究所の所長に相談しても、人権問題に敏感なヨーロッパでは精神科病院や当事者の映画撮影は難しいのではないかとなかなか協力が得られませんでした。ようやく一九八〇年四月頃から、「クラーク勧告」（日本政府の要請によってWHOから派遣されたクラーク医師による、日本の精神医療の改善に向けた七項目の勧告）で名の知れたD・H・クラーク医師のいたケンブリッジにあるフルボーン開放型精神科病院に勤めた経験のある医師と神奈川県精神衛生センターのソーシャルワーカーに映画撮影に協力してくれる現地の施設や人探しの協力を依頼し、やっとソーシャルワーカーひとりと一箇所の施設から応諾の感触が得られました。

クラーク勧告では「日本の医療を入院中心から通院中心の地域医療の形に改めなければ、精神科病院に長期入院者が増えて医療政策の重荷になる」という改善勧告がありましたが、日本政府はなんら対策を取らず、その後予言どおりに社会的入院者でいっぱいになってしまいました。私はクラーク医師が来日した際に三浦半島で全開放病棟治療を実践していた初声荘病院でお会いして、イギリスの精神医療と福祉について話を聞いていました。それをこの撮影旅行で直接自分たちの眼で見て、映像化して確かめたかったのです。

映画監督でカメラマンの円城寺進さん、私の同僚で川崎市社会復帰医療センターのソーシャルワーカーの今井功さん（一か月の休暇取得）、臨床心理職の大江基さん（アメリカ留学経験者で英語による交渉に当たってもらうため二週間の休暇取得）とともに渡英の準備を整えました。一九八〇年五月、川崎市家族連合会あやめ作業所発足から一年を機に専従職員として三村さんを雇い、私は川崎市を退職して、三度目の公務員の退職金を割安のアエロフロート便の四人分の航空券に代え、イギリスへ渡りました。

そして一か月程イギリスとベルギーで精神障害者の社会生活ぶりを撮影し、その後、オランダを経由しドイツでは主としててんかん患者のコロニーとして有名なベーテルを撮り、デンマークではコペンハーゲンで身体障害者の社会生活ぶりを撮影して、合計二か月の旅から帰りました。

●ヨーロッパの地域精神医療活動に学ぶ

イギリスの精神医療・福祉を見てみると、面接技術や使用している薬剤は日本と変わりませんでした。違う点は、日本は多剤・大量・長期投与が多く、イギリスでは単剤・大量・短期投与で適時薬を変更するとのことでした。職業リハビリテーションは、日本の知的障害者のための授産施設や地域作業所のようで、私たちが作ったあやめ作業所のようなところでした。グループホームも見せてもらいましたが、普通のアパートや共同住居です。イギリスの精神医療技術が立派で、日本が劣っているということはありませんでした。イギリスと日本とで大きく違うところは、地域で住宅や作業所を確保し個人単位の福祉と地域医療サービスを受けながら社会生活をしていることでした。

イギリスの福祉は個人単位でした。患者が成人期に達した場合には、家族に扶養や保護の義務がありません。生活が困難であれば、個人を支援して生活保障するという福祉です。これによって、物心両面で本人と家族は独立した対等の関係になって、双方の精神的・経済的自立が促されていました。このように社会保障システムが整備されて、当事者の自立を支える仕組みになっていたのです。福祉が個人単位であることの背景は、社会生活における権利も義務も責任もすべての個人に平等にあるという考え方にあるようでした。

精神医療における特徴は、患者が地域社会のなかで暮らしながら医療を受けている点にありました。症状が重く入院が必要な人以外は、地域社会の中で医療を受けて、地域の人々との交流を持ちながら働き、学び、家族が過度に干渉することなく本人が希望する生活を試みていました。

また、イギリスでは「病状によって自傷他害のおそれのある人」の入院先が公立の保安のための病院に決まっていました。日本では鑑定医のいる民間の精神科病院が主な受け入れ先となっていますが、イギリスでは患者の人権を守るために、精神保健法で認められた医師によって判断されて公的な病院が受け入れていました。他の多くの精神疾患の患者は原則として地域で生活しながら治療を受けるシステムだったのです。公的病院と民間病院との比率は日本とは対照的に公的病院がほとんどです。

イギリスをはじめとして、ヨーロッパの精神医療と福祉制度を視察して感じたのは、家族が生活支援や患者の保護の責任を負うのではなく、公共の医療・福祉制度によって地域の中で患者を支えていることでした。成人になれば、障害者でも家族から独立して生活することを原則にしています。多くの精神障害者は年金を直接本人が受給し、グループホームに住みながら授産施設に通い、時々実家の家族と交流する生活です。この自立生活が、患者の自立心を育み社会生活への自信となっていたのです。

人間誰しも小さな心配や失敗がありますが、すこし時間をかけて見守ることが必要です。それが自立心へつながるのだと、イギリスで会った障害者の笑顔でわかりました。私はヨーロッパ撮影旅行によって、地域に住むための住居を確保して、就労の準備と訓練のできる施設を用意すれば、日本でも精神障害者が社会生活を送ることができると考えるようになりました。

奇しくも撮影旅行を終えた一九七九年は、国連が一九八一年の「国際障害者年」のテーマを「完全参加と平等」と決議した年でした。国連の決議する国際年には「国際婦人年」や「国際児童年」などがありますが、世界的な規模で取り組むべき人権課題について国連加盟国に課題解決をうながすもので、その年は「障害者福祉施策」について決議されたのです。とりわけ「精神の病気と障害は併存する」「誰でも障害者は地域社会の中で医療や福祉サービスを受けるべきである」と表明されたことが、日本にも大きなインパクトを与えました。

第3章　制度改革への歩み

●全家連への就職と小規模作業所・グループホームづくり

帰国後、全国精神障害者家族会連合会（全家連）の理事長から、失業状態の私の身の振り方について、「あなたは精神障害者のきょうだいでもあるので、現在休職中の事務局長の代わりにその席についてくれないか」との話をもらいました。私も三度目の公務員退職後でしたが、円城寺さんとのフィルム編集の仕事もあってどうするか思案中でしたので、映画編集の作業と並行して、しばらくボランティアで事務局へ入ることにしました。

全家連は、精神障害者家族会の全国組織です。病院家族会や都道府県レベルの家族会は家族同士の交流や勉強会などが主な活動ですが、全家連では全国組織でなければできない法律や国の制度の改正に向けた政治・行政への働きかけや、啓発運動をおこないます。

入職してすぐ、事務局で映画制作旅行やフィルム編集の経費捻出と映画の活用方法とが話題になり、この映画制作と上映を全家連の事業にすることになりました。全家連が映画制作の経費全体の助成を社会福祉補助団体に申請して、映画の上映と講演会を未組織の県連強化のための事業にすることで、映画フィルムを全家連の精神衛生活動材料として活用しました。

一九八〇年五月からは、私は事務局長に就任して本格的に全家連活動の仕事に従事しはじめました。全家連の事務局長になった初仕事は、事務局の移転でした。当時の全家連事務局は都心の新宿区内の民間精神科病院の階段下にある狭い部屋で、非常勤の常務理事とボランティア事務局長、女性の事務局員と回復者の三人が働いていました。新宿区内の民間精神科病院は、院長の厚意で全家連に無料に近い形で事務室を提供してくれていました。しかし私の仕事をする椅子や机もないほど手狭で、私が入職して印刷機やコピー機の使用が増えると病院の電気系統に故障も頻発して、病院事務長から全家連の仕事は夜にやってほしいと言われ、私たちもいささか戸惑いました。結局、一時都内のマンションの部屋を借りて分室として使い、その後上野のビルの一室を借りて、全家連事務局を移しました。

全家連事務局長に就任し、しばらく業務に専念していたのですが、私が地元の平塚保健所管内の地域家族会の会長として活動する中で、地元にも精神障害者の小規模作業所が欲しいという家族会員の声を受けて、地元に湘南社会復帰協会を立ち上げ、私は副会長として名を連ねました。同期に入職した平塚保健所職員（元全国精神衛生相談員会会長）の三代さんと協議をして、すでに地域福祉活動の経験のある地元の知的・身体障害者福祉施設の理事長たちからの参加協力も受けての立ち上げでした。早速、地元の心身障害者地域支援団体「アグネス園」の石井園長を訪ね、日中の居場所と作業所スペースを確保する相談をしました。ちょうど、平塚駅裏で心身障害児童の地域訓練所兼集会所として使っていた家に割り込みさせてもらい、精神障害者の作業所「太陽の家」（定員一〇名）を開設して、私が管理運営責任者として所長と運営委員長を兼ねることになりました。太陽の家の実質的な運営は、当初ボランティア職員にゆだねていましたが、週末はほとんど作業所やグループホームの運営会議などに出席し、運営にかかわり続けるようになりました。

作業所を立ち上げる時、万が一事故が起きた時の責任をどうするのかと言う人も居ましたが、私はあやめ作業所での経験から、火災保険や傷害保険をかけておけば良い、人的事故は起きないだろうという自信があったので、次々とNPO法人などの組織を作り、小規模地域作業所やグループホームの開設に動き続けたのです。しかし、作業所やグループホームの実質的な運営は、私ひとりではとてもできないので、運営がある程度軌道に乗ると責任者を職員やボランティア、法人の理事たちに引き受けてもらいました。

こうして私が立ち上げ、運営にかかわった作業所は、

・ワークショップ八重咲（定員一〇名、一九九一年開設、二〇〇一年まで作業所長・運営委員、平

塚市内）

・青い麦の家（定員一〇名、一九九三年開設、一九九六年まで運営委員長、鎌倉市内）

・ベルカンパニー（定員一〇名、一九九五年開設、二〇〇二年まで作業所長・運営委員長、平塚市内）

・メゾン高根（定員五名、一九九六年開設、二〇〇五年までグループホーム所長・運営委員、平塚市内）

・メゾン豊田（定員五名、一九九九年開設、二〇〇五年までグループホーム所長、平塚市内）

・ジョブコーチ大磯（定員一〇名、二〇〇五年開設、二〇〇六年まで作業所長、大磯町内）

・メゾン元町（定員五名、二〇〇六年開設、二〇〇八年までグループホーム所長、二宮町内）

・湘南いこいの里オアシス（定員二〇名、二〇〇八年開設、当初理事長・所長、その後二〇一六年までＮＰＯ法人理事、二宮町内）

などです。

いずれの施設もメンバー同士のトラブルや人身事故などもまったくなく無事に運営されてきました。しかし、グループホームを退所して地域で自立生活をしていた方がアパートで自殺した時には、元理事長だった私が入居時保証人としてアパート清掃整理費七〇万円ほどを個人的に支払ったことがありました。

最初の施設立ち上げからすでに三〇年近くの月日が経ちますが、現在では障害者総合支援法に基づく経費補助を受けて、多くが障害者総合支援法の就労継続支援施設やグループホームとなっています。近隣地域からの通所利用者と二五〇名程度の精神科病院退院者を合わせて、延べ三〇〇名くらいの障害者の生活拠点として、地域の受け皿機能を果たしています。

●心身障害者と同等の福祉を求めて

一九七五年から、全家連は三年間全国大会を開催できずにいました。当時は精神衛生に関する集会や大会が、「大学医局講座制」(大学病院・医学部の中の強固なピラミッド構造)批判や精神医学・精神医療のあり方の是非を問う「精神医学論争」に巻き込まれていたのです。一九七八年の夏にようやく、川崎市精神障害者家族連合会や県内保健所、精神衛生センターなどのソーシャルワーカーらの協力も受けながら、横浜で第一六回全国大会を開催することができました。

全国大会終了後直ちに、次回大会は全家連本部が独力で開催することを内々に決めて、早速取り組んだのは、一九七〇年に全国大会で掲げた「精神障害者福祉法案」についての具体的な内容の検討です。精神医学論争に巻き込まれた二の舞を避けるために、医師を参加させずに、全国家族会役員と、回復者である小坂功さん(後の全国精神障害者団体連合会初代会長)、当時はまだ全家連に参加しておらず身近なソーシャルワーカーであった三崎保健所の後任の角田さんと私のみを企画委員として「精神障害者福祉に関する基本的見解」を上梓しました。その折、委員として参加した家族会役員たちは「身体障害者福祉法」と「精神薄弱者福祉法」を主に参考にして「精神障害者福祉法試案」を作成したのでした。

翌一九七九年の第一七回全国大会は東京で開かれ、メインプログラムは国会議員による公開討論会でした。討論のテーマは全国の精神障害者家族が求める「精神障害者福祉法」を五党（自民党、社会党、民社党、公明党、共産党）はどう考えるかというものです。この大会には厚生省精神衛生課長も出席していました。そこで先述の「基本的見解」と「福祉法試案」を公開したわけです。大会に不参加だった民社党を除く四党の国会議員は、多少の考えの違いはあるにしても、基本的には全議員が大賛成でした。このテーマ設定は、すでに障害者福祉の対象となっていた知的障害者の団体である全日本精神薄弱者育成会（全日本手をつなぐ育成会）の理事長の助言によるものでした。横浜大会と同様に盛会となり、全家連本部役員は失いかけた自信を取り戻し、以後の全家連運動の方向や戦略を決める転機となりました。

一九八一年の国際障害者年決議を日本でも実現させるべく、国際障害者年日本協議会（ＪＤ）が国内の障害当事者を中心に発足し、多くの身体障害者団体に加え、精神障害関係領域の当事者団体として全家連と日本てんかん協会、全日本精神薄弱者育成会が加入しました。精神科病院の入院患者のきょうだいである私が全家連の代表でした。

発足したばかりのＪＤには、福祉の充実を求める多くの団体が加入していましたが、なんといっても身体障害は種類が多いので関連団体も多く、次に知的障害団体が多く参加していました。難病団体と精神障害の関係団体は少なかったのですが、協議会は各障害者団体の格差を平等化するための組織でもあったので、論議は比較的対等におこなわれました。その代わり、唯一の精神障害者団体の代表である私が出席する会議は、一週間に三度くらい、それも夕方六時からの開催が多く、大磯の自宅へは深夜帰りになりました。それに全家連独自の全国の未組織連合会づくりで月三、四回の泊りがけ出張も増えました。三人の子どもを抱えて共働きする連れ合いにも、非常に大きな負担となりました。

しかし、このＪＤでの会議は全家連にとって大変有益な活動でした。今まで日本では福祉行政の課題としては論議されていなかった精神障害の問題が、一挙に提示されたからです。他の障害者団体や行政関係者にも、精神障害者の医療と福祉の実情はほとんど知られていませんでした。とりわけ身体や知的障害者が活発に利用している年金や手当、その他の施設や援護制度そのものが、精神障害者にまったくないことに他の障害者団体の方は驚いていました。すでに障害者福祉を利用して地域社会で生活をしている身体障害者たちは、精神障害者にも他の障害と同等の福祉を求める私の発言に共感して賛意を示してくれました。

ＪＤでの全家連の主張は、第一に「心身障害者対策基本法」で精神障害も対象にすることと、第二に障害者福祉施策の具体的根拠になる「精神障害者福祉法」の個別法を作ることでした。しかし、すでにさまざまな福祉政策の対象となっている心身障害の団体からは、もう基本法という抽象的な福祉の理念法の改正は必要なく、医療以外の「心身障害者総合福祉法」の時代だ、個別福祉法は時代錯誤だ、という意見があがりました。

日本の政策立案は、まず個別問題として表面化し、その後検討課題になり、法律（施策）化し、やがて整備（総合化）されるという福祉行政施策化の仕組みを私は大学で学び、ソーシャルワーカーとしても実際の流れを見ていたので、まず福祉の個別法に依らなければ具体的な福祉制度の実現は時間がかかるばかりだと主張し、理事長に無断で「個別精神障害者福祉法という全家連の主張が認められないのなら、この組織から脱退もやむを得ない」と強く訴えました。

心身障害者対策基本法は理念法であり、具体的な政策展開の法的根拠は身体障害者福祉法や精神薄弱者福祉法にあるということを厚生省の精神保健課の事務官から聞いていたので、私たちは単独の精神障害者福祉法が必要だと主張したのです。その結果、ＪＤで独自に精神障害者福祉研究会を開くことになりました。

この間、全家連の組織強化と精神障害者の福祉施策対象化のために、全家連の手で全国にキャンペーンを張る必要があると考え「全国精神衛生キャンペーン」キャラバンを企画しました。国際障害年で総理府内に創設されていた対策室からキャンペーンの経費支援の斡旋を受けて、全国四七都道府県を七ブロックに分けて自動車キャラバンをはじめました。キャンペーンの自動車を都合するため、自動車労連や電機労連からも助成を受けました。

実際に行動できるのは事務局員である私だけだったので、川崎市の保健所時代の同僚の坂庭さんに休暇を取って協力してもらい、北海道キャンペーンの一週間では経費節約のために自動車の中で寝泊まりしながら活動しました。また四国ブロックでは四国在住の昔の同僚の徳永さんにほぼ一週間参加してもらい、九州ブロックへは全家連の職員と同道しました。九州行きのパートナーは身体障害者雇用促進法を利用して就職した低肺機能の春島事務局員で、中国自動車道が開通する前の道のりを、彼と二時間くらいずつ交代しながらの移動でした。このキャラバンには、私がソーシャルワーカーになる前に旅した自転車単独日本縦断の経験が大いに役立ちました。

キャンペーンの方法は、県連のある県では地元県連の役員の協力を受けながら、各県庁所在地の中心部や大きな商店街などで「精神の病者にも障害者福祉を」と書いた横断幕を自動車の横腹に着け、マイクでの街頭宣伝活動と広報チラシくばりでした。各県精神衛生センターに協力してもらい、ヨーロッパで撮影した映画の上映と公開講演会を各地で催し、県庁の福祉部長、衛生部長への表敬挨拶と日本精神病院協会の支部長病院訪問をしました。約二年がかりで、四二都道府県で実施できました。このキャンペーン活動により未組織県の県連合会づくりが大いに進みました。

●福祉法が精神障害者にもたらすもの

一九八一年の国際障害者年から、全家連では精神障害者の社会参加を支援するために法改正の運動を展開してきました。全家連が求めた精神障害者福祉法や、すでにあった障害者雇用促進法、障害者総合支援法は、いずれも障害者の社会的な自立を支える法律です。医者が処方する薬とは別の社会的な薬なのです。こころの病気の急性期には医療の力を借りることも必要です。しかしそれとともに、本人の希望する就労への準備や居住環境を整えることによって、本人の心も安定することが私にはそれまでの経験からわかっていました。

国際障害者年から二五年が過ぎて、障害者雇用促進法は二〇〇六年に改正施行され、精神障害者もその対象となりました。この法改正を前にして、私は厚労省の障害者雇用促進法改正作業の前に開かれた「障害者の就労・雇用に関する研究会」の委員として出席しました。委員のメンバーには研究会の委員長を務めた元全家連顧問の岡上和雄さんをはじめ、精神障害者の社会参加には政策による就労・雇用対策が重要であるとの理解をしている人が多くいて、研究会の総意は「早急に精神障害者を障害者雇用率に算定し、雇用を義務化すべし」でしたので、事務局ではなく委員が結論意見を書くことが決まりました。

しかしその二日後、厚労省障害者雇用対策課長から直々に岡上さんと私に電話があり「研究会の意見は次の法改正に入れるとのことだが、経団連など雇用主側が合意してくれないと進まない。この政策は経団連などにも理解してもらった上でないと進められないから、今回はどうかその事情を受け入れて穏便に厚労省事務局に任せてほしい」ということでした。

私は経団連の立場の強さ、障害者福祉行政施策の改善などの困難さをしみじみと感じました。大企業が「雇用率一・八％の中に精神障害者も含めましょう」と企業主側から言ってきてくれるように広報活動のような運動をしたとしても、企業の姿勢次第で精神障害者の雇用には結びつかず、仮に精神障害者雇用が義務化されても助成金目当ての雇用になるのではないかという不安を感じました。

●全国当事者組織による調査研究活動

全家連入職後しばらくして、私たちは「障害者運動も世間の理解を得なければマイナーな問題に留まってしまうので、社会学者などの有識者による研究調査活動もした方が良い」という助言を受けて、国立衛生研究所社会復帰相談部長で元川崎市社会復帰医療センター長の岡上和雄さんをボランティアで全家連顧問に招きました。そしてすぐに全家連精神保健研究所を立ち上げ、大島巌さん（前日本社会事業大学長）にやはりボランティアで研究所事務局長を依頼し、民間研究助成団体の援助を受けて多くの専門家による調査研究成果を出版物にするとともに、政策要求活動の根拠とすることができるようになりました。

最初に手掛けたのは「精神障害者福祉ニードに関する研究」、次に「精神障害者の社会福祉施策についての提言」をまとめ、政策提言活動をしました。さらに全国八ブロックの家族指導者研修会を二年間おこなって、その後未結成県連の組織化を兼ねて映画上映と講演会を三年間続けました。一九八六年には、厚生省が一九八三年に全国で実施した「精神衛生実態調査」の数を大幅に上回る家族一万組余、回復者二四〇〇人にのぼる家族当事者の生活実態を調べた「生活実態調査」を、大島事務局長を中心に全家連と研究所で実施して、福祉政策要求の根拠づくりとしました。

厚生省によって一九五四年からおよそ一〇年置きにおこなわれてきた「精神衛生実態調査」は、調査結果の報道のされ方が却《かえ》って偏見を助長するようであったり、調査方法に人権上の配慮が欠けていたりするといった批判が強くありました。一九八三年の厚生省の「精神衛生実態調査」にも強い批判がありましたが、全家連が社会復帰施策企画のためには「精神衛生実態調査」も必要と態度表明したことで、人権論を強く主張する一部の弁護士グループと全家連との間で意見の齟齬を来しました。

また、この頃全国に増加しはじめた小規模作業所やグループホームなどの精神障害者社会参加施設の職員や家族会役員を集めて「精神障害者社会復帰・社会参加全国会議」を全家連顧問の元厚生省医務局長大谷藤郎さんを座長にして開催しました。大勢の参加者を得て、厚生省の課長などを講師役として起用し施策化に関して有効な全国会議となりました。さらに、社会復帰と福祉に関する家族会活動のあり方を中心とする研究調査報告書を出すとともに、日本身体障害者雇用促進協会からの委託で「精神障害者の雇用職業に関する研究」に着手し研究報告書をまとめました。

こうした研究と啓発運動を続けた功績を認められて、一九八〇年に全家連が保健文化賞を、翌八一年に川村理事長が国際障害者年総理大臣賞を他の身体・知的障害者団体長と共に受賞しました。八二年には全国精神障害者連絡協議会初代会長を務めた小坂功さんが、身体・知的障害当事者に続いて精神障害当事者として初めて総理大臣表彰を受賞しました。こうした表彰は、個人の顕彰という意味と共に、障害者運動が政府に認知されるという意味でも大きな意義がありました。

一九八三年、与党自民党の斎藤邦吉元厚生大臣を会長とする「精神障害者社会復帰促進議員懇話会」（精社懇）が結成されました。この精社懇の結成は、一九八〇年の全家連全国大会で国政五政党（実際の参加は民社党を除く四政党）の国会議員による公開討論会の開催後、出席者の与党代議士が幹事となって懇話会の設立を政権与党内に働きかけ、当初九名の参加者を得たものでした。

本来、家族会運動のような当事者団体の運動は、信仰、信条、思想を超えて、政治的には中立に超党派であるべきだという指摘も受けましたが、野党四党が呼びかけに応じなかったので与党議員のみの構成になりました。「国家予算を獲得するには、与党議員が中心となって動かなければ効果が上がらないので仕方ない」と助言してくれた野党議員や知的障害者団体役員もいました。

京都大学の政治学者高坂正堯さんを中心とするトヨタ財団研究の「高度産業国家における利害関係団体の福祉に関する研究調査」の調査対象に全家連がなったのを参考にして、全家連で三菱財団の助成を受けて「精神障害者の社会復帰・福祉施策形成基盤に関する調査」を実施しました。このような当事者活動についての研究・調査の結果は、政策要求運動の社会学的・科学的根拠になります。障害者の親などの情による訴えだけより、このような客観的な調査による訴えは与野党の政治家や役人、メディアも大きな関心を寄せていることも勘案していたのです。

一九六五年の全国の家族連合会組織結成から二〇年ほど経って、地域家族会や県連合会では自治体からの補助金や委託事業などの財政的支援をようやく獲得できるようになりました。それまでは都道府県連合会を支部とした社団法人的な運営で、基金の利子だけが収入でした。全家連の本部活動も、日本自転車振興会の助成によって月刊『ぜんかれん』の発行を細々と続けていたのです。

一九八四年になって、国の直接的助成に近い厚生科学研究の委託助成を受けるようになりました。一九八七年には知的障害者や身体障害者の社会福祉全国団体がそうであったように、国庫補助事業である小規模作業所運営助成金配分を全家連本部が受けるようになり、都道府県連合会へ配布して全国各地の小規模地域作業所の立ち上げに大きな効果を発揮したのです。

●全国家族組織と精神医療専門家グループの対立

振り返ってみれば、通報・届出制度の強化や緊急措置入院制度の設置など保安的性格の強い一九六五年の精神衛生法改正を危惧して、家族会の全国組織結成を後押しした主流は、日本精神神経学会や日本精神病院協会、日本弁護士連合会などの一部有志のグループでした。精神衛生法改正に反対する運動に家族当事者の旗印が必要だったので、法改正に批判的な医療者や支援者によって全国に散在していた病院家族会が全国規模の当事者団体「全家連」として組織されたふしがあります。もちろん必然性があって発足し、家族会役員の主体的な判断もあったのでしょうが、全家連をとりまく状況や役員の構成、活動内容からも、永続的に行政や政治家を動かすに足る組織力を持つ団体ではないと精神医療関係者に言われていました。

一九七〇年代前半には、精神医学のあり方をめぐって、精神科病院の告発、大学医局講座制解体論や、反精神医学論争が盛んになりました。病院告発、精神医療批判に一部の全家連役員が同調したこともありましたが、長続きはしませんでした。それでも、役員同士に相互批判が出てきて家族会の足並みが乱れ、全家連の結集力が弱まってしまったのです。

当時の知的障害者や身体障害者の各種福祉施策は、高度経済成長によって国や地方自治体の財政に余裕が生まれたので、与野党の政治家も障害者福祉の施策予算の増加に協力的で、団体の要望も受け入れられ、国民的理解も得て大幅に整備されていきました。しかし精神障害者福祉は、精神医療をめぐる対立のために高度経済成長の恩恵を受けることができませんでした。精神障害者福祉を掲げる私たち全国組織にとって、精神医療の是非をめぐる対立に巻き込まれたこの二十数年は議論を重ねた雌伏の時代であったと言えますが、日本経済の高度成長期の恩恵を受けられず障害者福祉制度の整備に致命的な遅れをもたらした時期でもありました。

●精神保健法改正への当事者組織活動としてのかかわり

一九八四年の宇都宮病院リンチ殺人事件（栃木県の精神科病院、宇都宮病院で看護師らによって入院患者が撲殺された事件。入院させられていた患者の告発によって発覚し、不正入院、無資格医療行為など数々の違法行為も明らかとなった）をめぐり、人権派弁護士グループはより明快に患者の人権擁護に向かい、家族会は与党国会議員の集まりである精社懇を通じた具体的な社会復帰対策を急がせる方向へ歩みました。

宇都宮事件の取材の中心だった朝日新聞の橋本聡記者や人権派弁護士グループの先端を切った戸塚悦郎弁護士から、日本の精神障害者当事者団体として国連人権委員会に直接提訴するべきだと助言がありましたが、当時全家連は非力で、与党も全家連にすこしずつ協力してくれている現状から、全家連はあくまで国内の社会復帰施策要求活動に頑張るので国際問題化はそちらで、と戸塚弁護士と役割分担の打ち合わせをしました。そして戸塚弁護士が、自由人権協会のグループ弁護士として国連人権小委員会へ問題提起をしてくれた結果、翌年には国際法律家委員会（ＩＣＪ）、障害者インターナショナル（ＤＰＩ）、国際医療職専門委員会（ＩＣＨＰ）の調査団来日となりました。私は他の全家連役員と共に来日した調査団と会って、日本の政治・行政への働きかけによる精神医療と社会復帰施策の具体的改革に的を絞ってアピールしました。

他方、そのころすでに与党寄りと見られていた全家連の請願活動は、従来からの目標である精神障害者福祉法制定のために、各県連から総数約五〇万人の署名を集めて国会請願を実施しましたが、与党の国会議員からは、請願という運動の仕方は野党の手法のようで違和感を覚えると評されました。こうした中、国際的世論という外圧に弱い政府は、一九八五年八月に精神衛生法改正を国連の場で明言しました。

宇都宮病院事件の後、厚生省内の精神科医療ガイドライン部会、次いで法改正のための精神保健基本問題懇話会、公衆衛生審議会精神衛生部会などに、当事者団体代表として私が理事長と共に呼ばれるようになりました。精神衛生関係二四団体からの意見聴取に際しても、全家連が実施した「生活実態調査」から絞り出した社会復帰施策に意見を一本化して訴えました。その結果、一九八六年秋までに、厚生省内で精神衛生法の改正法案づくりが進められました。

全家連としては一九六五年以来の人権と社会復帰を中心とした法改正であり、多少不満足ではあっても是が非でも通さなければいけないと考え、理事長を先頭に足繁く精社懇議員（多くが与党社会部会議員）へ陳情を繰り返しました。野党の社会労働委員会所属議員へは、選出地元県連役員が地元私宅や東京の議員会館へ電話陳情するなどしました。

衆議院本会議裁決日の傍聴席に従来の運動や諸活動からみれば立場と意見を異にする精神医療専門家組織が列席する呉越同舟のなかで、精神保健法が誕生しました。

●優生保護法改正と遺伝説

当事者団体として全国的活動を進めるなかで、全家連では「不良な子孫の出生を防止する」ための人工妊娠中絶を定めた優生保護法の改正運動にも取り組みました。

一九九四年にエジプトのカイロで開催された国連人口会議の席上で、自身も障害者である安積遊歩さんが「不良な子孫の出生を防止する」という人工妊娠中絶を定めた日本の優生保護法について問題提起をしました。会議の出席者からは驚きと共に問題提起が支持され、出席した日本政府の国連大使は多くの批判を受けました。この問題提起は大きく報道されて、優生保護法の改正問題は国内の多くの団体に関心を持って共有されました。翌年に女性国会議員から厚生省に対して要望書が出されたことも、全家連の私たちにも伝わってきました。

女性団体や宗教団体も含めた議論は「望ましくない出生の防止」という優生思想の問題だけでなく、女性の性と生殖の権利の問題や、胎児の命は誰のものかという倫理の問題として、障害者問題に留まらない複合的な問題として国民的論争となり、なかなか結論が出ないのでした。

障害者の生と女性の性への複合的な差別である優生保護法を、全家連は精神障害者の同胞の立場から当事者の問題だと捕らえ、女性障害者たちと優生保護法廃止のことで話し合いを持ちました。

これを契機に全家連では、優生保護法を改正する運動に本格的に入りました。私たち自身の体験を振り返っても「不良な子孫の出生を防止する」法律が存在することが、遺伝が障害の原因だという考え方にもっともらしさを与えていると考えたのです。当時、与党自民党内の精社懇メンバーで党の社会部会長だった衛藤晟一議員が中心になって、この問題を国会で取り上げました。

結局、女性団体と野党国会議員には全家連と女性障害者代表が、宗教団体と与党議員へは衛藤議員が説得に当たり、優生手術の対象とされた疾患リストの削除や、「不良な子孫」の文言を改めて、法律の名称も「母体保護法」になりました。全国の産婦人科医の看板が、優性思想の代名詞と言うべき「優生保護法指定医」から「母体保護法指定医」に変わりました。

続いて、各種の職業資格取得条件に障害を理由とした「欠格条項」が、精神障害者の就労や社会参加が妨げられる要因となっているという有識者の意見を受けて、一九九三年に全家連研究所内に欠格条項問題研究会を設置し、報告書を作成して関係省庁に働きかけました。内閣府による数度に渡る検討会により、精神保健法改正作業中に、まず伝染病疾病者と精神病者の入浴を制限するように定めた「公衆浴場法」や就労制限を定めた「労働者安全衛生法」が見直されました。その後、各種専門業務にかかわる職業資格取得の絶対的欠格事由のほとんどが、場合によって免許を与えられないという相対的欠格事由となりました。

●遺伝についての不安の克服

兄が発病した一九五〇年代半ばでも、とりわけ因習や伝聞の影響の強い地方社会では、こころの病いには遺伝が原因ではないかというまなざしが強く注がれていました。その背景には、先にも述べた優生保護法の存在だけでなく、こころの病いの仕組みのわからなさもあるようでした。原因不明の他の難病も「あの家の祖先は」とか「あの家の血統は」と遺伝の影響を噂されていました。

統合失調症についての統計でも次のような結果があり、精神医学では一九九〇年代から参照されています。

一般的な統合失調症の発症率：一％、両親とも統合失調症者の子ども：四六％、統合失調症者の一卵性双生児：四八％、統合失調症者の二卵性双生児：一七％、統合失調症者のきょうだい：

九%、統合失調症者の子ども：一三%、統合失調症者の孫：五%、など。
〔I・I・ゴッテスマン『分裂病の起源』内沼幸雄・南光進一郎監訳、日本評論社、一九九二年、一〇二頁、図八を参照〕

この統計によれば、統合失調症と遺伝にはなにも関係が無いとは言えないようです。しかしこの統計は、一卵性双生児の場合が四八%であるように、遺伝だけが統合失調症の原因ではないことも示しています。たとえば、環境要因や脳機能異常説などもあるということです。

きょうだいや家族にとっては、遺伝説は大きな心配の種です。精神の病いに悩み苦労したからこそ、自分や子どもに遺伝するのだろうかとの不安の強さによって、たとえ発病の確率が一%や五〇%であっても、一〇〇%のように思いこんでしまうのです。私も兄の発病以来、遺伝の不安にかられてとても苦しみました。若かった私は、著名な芸術家や文学者、哲学者、宗教家の伝記を読んでは、その異才には「狂気」「精神的異常」「過敏な感覚」「過剰なこだわりと鋭い集中力」に近い特殊な能力が付きものだと感じて、自分の凡才ぶりに安堵したこともありました。

何度も述べていますが、私は、危険説や遺伝説、不治説に悩みながら専門職として色々な知識や情報を学ぶなかで、精神医学には他の医学とは違う特徴があることがわかってきました。ひとつは政治や文化の影響を大きく受けていることです。なにがこころの病気かは、時代や社会状況、地域性、思想や信仰や哲学といった歴史や文化の違いによっても異なります。たとえば、性同一性障害（性的違和）は精神障害のひとつとして分類されていましたが、今日ではもちろんＷＨＯも日本の精神医学も精神障害と見なしていません。

もうひとつの特徴は、精神医学の診断には客観的な根拠が乏しいということです。近年多くの身体の病気の原因が生化学や生物学、画像診断などが根拠（エビデンス）となって科学的に究明され、それに伴って新しい治療法も次々と開発されています。しかしこころの病い、あるいは人間の「精神」そのものについては、依然として発病の原因や仕組みも、その成り立ちも、不詳のままです。

また、中学高校の保健の教科書に精神病の遺伝説を書いた精神医学の専門家が、後になって学会で糾弾されていることも知りました。そういった精神医学の歴史的特徴から、私は遺伝説には十分な科学的根拠が少ないと考えられるようになり、自分や自分の子どもたちにも遺伝するのではないかという不安はいつしか消えていきました。人間の心・精神の問題は、精神医学以外の哲学、宗教、思想、文学などの広い分野の学問に共通する課題なのだなと思いました。

●兄の自立に向けての準備

私は全家連で活動しはじめてから、徐々に活動が増え多忙となりました。時々、入院中の兄から、退院後のアパートや仕事を探すように頼まれたものの、なかなか見つかりませんでした。兄も病院から履歴書を山ほど郵送しましたが、結局その時は仕事を見つけることはできませんでした。当然でしょう。精神科病院から求職の連絡をしても、企業が応じるはずがありません。

一九七六年に改正された身体障害者雇用促進法によって、障害者の雇用が事業主の義務となり、現在では精神障害者も含めて多く障害者が雇用されているのですが、当時は生活を支援する身体障害者福祉法も、雇用の機会を大きくする雇用促進法も、精神障害者は対象ではなかったのです。精神障害者は精神医療にのみ頼らなくてはいけない状態でした。治癒という概念がない精神医学と病者の就業禁止という労働安全衛生法と「完治しなければ雇えない」とする企業の論理との間で、なにもできずにいたのです。

そんな本人や家族の姿を見て、このまま従来の精神医療改善運動だけに力を注いでいてもいいのかと私は考えていました。医療以外の分野でも本人の生活を物心両面で安定的に支える社会資源の充実＝社会福祉が必要だと考えていたのです。職業リハビリテーションによる働くことの支援、所得の保障、住まいの支援に加えて、友人や仲間、市民ボランティア、専門家などの支えがあってこそ、本人や家族の精神的負担は軽減するのだと思います。

もちろん、家族やきょうだいで、できることはやらなければなりません。家族やきょうだいにできることとして、私が彼らとともに取り組んできたのが、地域の作業所・グループホームづくりや、それを制度化する法制度を求める運動などです。それこそが、家族やきょうだいが声を出してやるべきことのひとつだと、今でも考えています。本人の生活と人生を支える医療や福祉になって欲しいと、私は全家連活動で社会に伝えていきたいと考えるようになりました。それを実現するための有力な裏付けとなったものが、国際障害者年決議「障害者の完全社会参加と平等」というスローガンだったのです。

一九八四年に、私は兄を退院させることを決心しました。私の家から遠くない平塚市内に兄のアパートを借り、私が保証人となり障害基礎年金と生活保護（住宅扶助）とを併給してもらって、私の世帯とは別に自立した形で、昼間は私がかかわって設置した精神障害者地域作業所「太陽の家」に通ってもらいました。永年の精神科病院療養の結果、いきなり一般の企業に就労はできないことを、本人も納得した上でのことでした。あまりに長い療養生活に、本人は浦島太郎のように感じたに違いありません。精神障害者の支援専門家を志望した私にとっては、手痛い兄の生き方と生活ぶりでした。兄が退院して一年後の一九八六年四月二三日、私たちの母が大磯町の隣町の次兄の家で、急性脳梗塞を起こして救急車で運ばれ数日後に亡くなりました。享年七九歳でした。平塚に家を借りて退院していた兄も私たち家族とともに母の葬儀に参加してくれました。

私もソーシャルワーカーになってから、またそれ以前も医師の言うことを信じて、影響を受けていました。まして専門職になるには精神科医から研修を受けるのです。国際障害者年運動があった一九八一年頃までは、私も当時の日本の精神医学の知識を中心に学んで、精神医学というフィルターを通して兄や他の精神障害者を見ていました。保健所業務として何回も立ち会った精神科医の診断がどんなに不揃いであっても、医学の権威の前になんとなく受け入れていたのです。しかし、多くの精神科医や障害者と会い、いろんな考え方に接して、発病から三〇年経ってようやく兄や多くの精神障害者の病状の変化にも慣れ、いたずらな不安や恐れなどが無くなり、再発にこだわらなくなりました。

兄が再々主張しながら、医師に「非現実的、妄想」だと退けられた株の購入も、再三話し合って、本人の持ち金なのだから本人が決める権利があると考え、同意しました。自分の考えていた株を五〇万円分買った兄の精神状態は非常に安定して、二度と株のことは口にせず、アパートの自室で経済新聞の株価欄を見ては納得した様子でした。その姿はまさに好々爺然としていました。考えてみれば、株の売買に対してはなんの知識や経験もない家族やきょうだい、周囲の人間が勝手に本人の自己決定能力を疑問視したり、経済問題に必ずしも豊富な知識を持たない精神科医が一面的に判断したりして、「非現実的、妄想」と見なしていたのです。家族と医療専門家の過剰な親切心によるパターナリズムでした。

●兄の早すぎる死

兄は、退院後に一、二度の休息入院を自らすることもありましたが、それでもなんとか自立した生活はできていました。ようやくの自立生活も四、五年間続いていました。兄は、四度目かの休息入院のとき、病院敷地外へ散歩をしている途中に心筋梗塞をおこして、救急車で横須賀の市立病院に運ばれましたが亡くなりました。一九九〇年五月一二日、五九歳でした。

生前の兄は自分の暮らしぶりをどのように思っていたのでしょうか。末の弟が結婚して三人の子どもが居て、その近くで単身アパート生活です。どのような心境であったかわかりません。あれほど就職や結婚に焦っていた兄が、数十年もたってようやく希望の株を買って以来、その他の事はなにも言わなくなりました。やはり入院生活で年をとるうちに、だんだんと色々なことを諦めていったのでしょう。弟として本当に胸が痛みました。なにかの趣味でも持って生きていてくれたら良かったと思いました。

ようやく社会参加の一端を実現したと言えば格好を付けられますが、兄の人生はあまりにも不幸だったと思うのです。私がもっと早く気づき、社会参加にむけて動くべきでした。私が世界から遅れた日本の精神医学や精神医療に囚われてしまったと感じました。私もあとを追おうかという考えが一瞬頭をよぎりましたが、生きて多くの精神障害者の家族やきょうだいに私たちの失敗を繰り返さないでほしいと考えました。

兄の死から三年後に私は、母校の日本社会大学の障害者福祉・ソーシャルワークのカリキュラムの臨時講師に招かれて、精神障害者の家族・きょうだいでもあるソーシャルワーカーとしての体験報告をした時、学生から今まで聞いていた精神障害者福祉や医療と違い、大変ショックを受けて勉強になり、考えさせられたのでぜひ出版してほしいと言われて、一九九三年に『こころの病いと家族のこころ』(中央法規出版、現在は絶版)を出版しました。

●家族会で取り組んだ運動

一九八七年に精神保健法が制定されたあと、私は世界精神保健連盟(WFMH)の個人会員となり、日本国内の関係会議に出席し国際的な関係者からも情報を得るようになりました。全家連として更に日本の精神衛生施策の向上を図るために、国連人権委員会以外の国際的外圧がないかと探している時、ジミー・カーター元アメリカ大統領夫人のロザリン・カーターさんのことを知り、日本へ招聘して国際講演会の開催を企画しました。彼女は夫の州知事時代から「精神疾患と情緒障害児のサービス改善委員会」を主唱し、夫が大統領時代からはアメリカ精神衛生特別調査委員会の議長を務めていたのです。

一九八九年一月、日本財団の資金助成を受けて、財団の特別講演会場に満員の聴衆を集めてロザリン・カーターさんの特別国際講演会を実施しました。ところが、翌日の新聞記事は残念ながら小さな記事にとどまり、とても外圧にはなりませんでした。折悪く昭和天皇が危篤になり、国民全体に催し物などの最大限の自粛を求められたため、この会議の報道も小さく扱われて、私の目論見は外れてしまいました。

一九九一年には、今度は日本で世界精神保健連盟世界会議を開催する運びとなり、ロザリン・カーターさん招聘の時に世話になった世界会議実行委員長の浅井病院長への恩返しで、私はこの世界会議の会場展示委員長を引き受けて、関係者五〇〇〇名を集めて成功裏に終了しました。

一九九三年の世界精神保健会議では幕張宣言を採択しました。その内容は「全ての人間のポジティブ・メンタルヘルスが持つ価値と、精神疾患や精神障害を有する人達の各国における市民としての権利を宣言する」というものです。「ポジティブ・メンタルヘルス」は、人の肯定的な感情や考え方を促す働きかけのことです。しかしこの世界会議における幕張宣言も、日本の精神保健施策改善の外圧とはなりえませんでした。

一九九三年に私は、従来から精神医学診断にある「精神分裂病」という呼称があまりにもイメージが悪く、それだけで人生に絶望してしまう患者や家族・きょうだいがいるので名称を変更するように、全家連名義で日本精神神経学会へ申し入れするよう全家連理事会に問題提起をしました。かつて「らい病」が患者団体の粘り強い運動によって「ハンセン病」と呼ばれるようになった経緯も知っていました。日本精神神経学会ではその後討議を重ね、一〇年後の二〇〇二年に「統合失調症」という病名に呼称変更して、大勢の家族や本人から、すこし安心して精神科にかかれるようになるという声を聞きました。

一九九三年の精神保健法改正では、全家連が社会復帰促進センターに指定されるとともに、精神障害者保健福祉手帳が制定されました。手帳利用によって公的施設利用料の多くは無料にできたのですが、国鉄時代から身体障害者と知的障害者に適用されている鉄道の運賃割引は、精神障害者の場合、鉄道事業者に割引の可否が任されていて、ほとんどの鉄道で割引されません。解散した全家連の後を受けた全国精神保健福祉会連合会（みんなねっと）は、現在でも運賃割引を求める運動を継続しています。

●精神障害者の日米交流と障害者基本法

先述したように日本の精神障害者の人権論議の大きな転換点は、一九八三年に起きた宇都宮病院における患者撲殺事件でした。国連人権委員会への戸塚悦郎弁護士ら自由人権委員会の提訴がきっかけで、国連から調査団が来日するなど国際的な注目をあつめ、精神衛生法から精神保健法に変わりました。

その法案づくりをする厚生省精神衛生課の法令担当者が、野党の社会党国会議員の政策秘書から何度も国会議員会館に呼ばれ、法改正案を練っていました。戸塚弁護士から全家連の要望案を政策秘書に届けるよう示唆された私は、何度か政策秘書に会い、全家連の強い要望である社会復帰対策の重要性を説明しました。

その当時、自民党の八代英太参議院議員の久保田政策秘書から「議員が日米の障害者交流をする協議会を開くので、精神障害者分野の人として滝沢さんも参加しませんか」と誘われました。八代議員は車椅子を使っている障害者です。

久保田さんとは、国際障害者年日本推進協議会（ＪＤ）の会議で知り合っていたのですぐに承諾して、一九八六年に東京で開かれた八代議員主催の第一回日米障害者協議会に出席しました。翌年の第二回には、協議会に経費を半額負担してもらい、サンフランシスコで開かれた日米会議に出席しました。

当時のアメリカでは、障害者団体の自立運動が公民権運動と共に盛りあがり、一九九〇年に成立する「障害のあるアメリカ人法（ＡＤＡ）」を目指して、当事者も加わって熱心に議論が交わされていました。ＡＤＡ制定に貢献した車椅子を使っている障害者のマイケル・ウィンターさんは、後にクリントン大統領の政策ブレーンとして活躍しました。ＡＤＡの父と呼ばれる障害者自立生活運動の草分けでカリフォルニア州リハビリテーション局長を務めたジャスティン・ダートさんは、「鉄の肺」という大がかりな人工呼吸器を使っている障害者でした。アメリカの精神障害当事者や家族会の人の発言もＡＤＡの成立に大きく影響していました。

日本から会議に出席した身体・知的障害者たちも、アメリカの重度障害者や精神障害者、その関係者が熱心に発言している姿を見て、強い印象を持ち帰りました。帰国後すぐに久保田さんから「日本側も精神障害者リーダーをもっと加える必要があるので、誰か家族以外の障害当事者を推薦してほしい」との相談を受けて、横浜で活躍しはじめていた精神科病院入院体験者で、自身を精神医療サバイバーと名乗る広田和子さんを紹介しました。九一年のセントルイスで開かれた第四回日米障害者協議会には彼女も出席し、大いに活躍してくれました。

その広田さんから聞いた話ですが、彼女が渡米するにあたって精神障害者の海外旅行には欠格条項があって制限されていると思っていたけれど杞憂だったそうです。当然の権利として、精神障害者であっても海外渡航はなにも制限されません。広田さんは生活保護を受給中（渡航旅費は臨時収入になるので、保護を一時停止されました）だったのですが、生活保護受給中の精神障害者で海外渡航した最初の事例ではないかと話題になりました。それくらい精神障害者の海外渡航は珍しいことだったのです。

そして、この第四回日米障害者協議会をきっかけに、日本では心身障害者対策基本法の改正作業がはじまりました。全家連が提案していた精神障害者福祉法改正案の中身を、まず心身障害者対策基本法の対象に位置づけることを八代議員から厚生省に強く働きかけてもらいました。一九九三年に八代議員、視覚障害者で野党社会党の堀議員たちによる議員立法で、心身障害者対策基本法が改正されて障害者基本法が成立しました。これでようやく精神障害者も基本法に位置づけられたのです。そして、障害者基本法の第二条では「障害者」とはなにかが定められて、「障害者」とは身体・知的・精神などの障害があって障害と社会的な障壁によって日常生活や社会生活に制限を受けてしまう人のこと、とされたのです。それまでは、精神病だけれども精神障害と認められず、福祉を受けられないことも珍しくありませんでしたが、精神障害者基本法によって精神病患者＝精神障害者として障害者福祉の対象として正式に位置づけられたのです。すこし今後の展望が開けたように思いました。

●先進諸国の医療福祉施策に学ぶ

ヨーロッパへの映画撮影旅行や日米障害者協議会への参加などを契機に、国内における障害者福祉施策を促す活動の一環として、その後も医療福祉の先進国との交流などで海外へ赴く機会が増えました。

・一九八四年、カナダ・バンクーバーの地域精神障害者リハビリテーション活動の映画撮影のため九日間訪問（円城寺監督と共に）
・一九八七年、アメリカ・サンフランシスコの地域精神衛生活動やリハビリテーション活動の撮影旅行のため九日間訪問（円城寺監督と共に）
・一九八八年、フランス・パリ周辺の精神障害者の里親活動の映画撮影のため一四日間訪問（円城寺監督と共に）
・一九八九年、ニュージーランド・オークランドへ世界精神衛生会議出席のため八日間訪問（日本精神保健職親会役員と共に）
・一九九〇年、アメリカとカナダへ世界精神障害者家族連盟会議出席のため九日間訪問
・一九九一年、メキシコで開催された世界精神衛生連盟会議出席のため九日間訪問
・一九九二年、アメリカ・ワシントンＤＣへ全米精神障害者家族会大会出席のため六日間訪問
・一九九三年、オランダとアイルランドへ世界精神障害者家族大会出席のため一〇日間訪問
・一九九五年、フィンランドとスウェーデンへ世界精神衛生連盟世界会議出席のため七日間訪問。愛読書の『道しるべ』の著者、故ダグ・ハマーショルド国連事務総長の墓参りも
・一九九八年、ロンドンへイギリス精神障害者家族連盟会議出席のため五日間訪問
・一九九九年、ニュージーランド・ウェリントンへ世界・法と精神医学会出席のため五日間訪問

・二〇〇〇年、イタリア・シエナへ、世界・法と精神医学会出席のために八日間訪問。池原弁護士と共に（精神科病院の入院を廃止して地域活動をしている施設を見学）
・二〇〇一年、ベトナム・ハノイへ国際障害者年決議一〇年キャンペーン出席のため五日間訪問（当時私が政策秘書を勤めていた八代議員に同行）
・二〇〇五年、エジプト・カイロへ世界精神医学会出席のために八日間訪問（日本における精神障害者の人権問題と長期入院の実情をスピーチ。製薬会社のイーライリリー社からの依頼で、経費は会社負担）

昔から極端な英語コンプレックスの自分が次々と外国出張をするとは不思議なものと思いながら出かけたものです。初回のイギリス、ベルギーなどの地域リハビリテーション活動の映画撮影旅行のように、必ず現地の精神医療施設や地域活動の見学を条件にしました。エジプト以外はすべて自費負担なので、連れ合いの理解と協力なしでは実現できませんでした。

こうした海外出張で訪れた国々と日本とをくらべて感じたことがいくつかありました。

一点目は、精神障害者福祉を効果的に展開する公的な雇用促進リハビリテーション、居住施設確保によるリハビリテーション、生活支援サービスなどの整備が日本ではほとんど進んでいないことです。民間医療機関の利益追求と、財政負担が大幅に増えるという政府の懸念による無策ではないかと感じました。二点目は、日本の精神医療が自傷他害の防止という保安的機能に重点を置き過ぎていることです。日本ではそれが精神医療の役割だと思われていることで、障害者の人権と福祉が軽んじられていると思いました。本人の意思に基づく任意入院が日本でも増えていますが、民間精神科病院の指定医などの簡易鑑定診断のため、かなり恣意的に強制治療と多くの行動制限や持ち物制限などがおこなわれている傾向があります。三点目は、先進国の精神障害者が地域で生活して明るい表情をしていることとくらべて、日本の精神障害者が抑うつ的な表情をしていることでした。

●全家連活動の盛衰

障害者で国会議員の八代議員と協力して法律や制度改正に影響を与えられたと感じていた頃、私の所属する全家連本部が大きな事業に取り組みはじめました。全家連本部ビルの購入と精神障害者の授産施設の建設と運営です。

当時の全家連の常務理事のひとり、東京都連役員の中村友保さんから千葉県松戸市内にある四〇〇坪の土地を全家連に寄付するので事業に使ってほしいと相談され、協議した結果、松戸の土地を元手に上野駅近くに約四〇坪の土地を買い、そこに全家連本部ビルを建てるプランを進めることになりました。

そこでは、国内初の精神障害者の社会復帰のための民間による精神障害者専用授産施設を設けることになり、厚生省を通じて日本経団連に社会福祉事業寄付の申し込みをしてもらいました。経団連では珍しい精神障害者福祉向けの支援活動でしたが、当時の経団連政治部長の江戸英雄さん（ピアニスト江戸京子さんの父）から一億円の寄付受諾を得ました。具体的には、経団連の参加企業連合に江戸政治部長が寄付金額を割り振り、全家連役員が個別に企業へ寄付の依頼に行くというものでした。私も事業部長や役員たちとペア二組で、一流企業の総務部長を訪ね、頭を下げて寄付の依頼をしました。面会した大企業の総務部長も社内の精神疾患者の休職や職場復帰のことで頭を痛めていて、企業のメンタルヘルス対策の話題が出ることもよくありました。

この経団連からの寄付金と共に全国会員からの寄付を加えて、一九九〇年に全家連ビルが完成しました。地下には倉庫、一階には授産施設として喫茶食堂「かれん」をオープンしました。二、三階は授産事業部門で定期刊行物の国内発送業務の受託などをしていました。四階は事務所兼倉庫、五階は会議室兼倉庫、六階には相談室と全家連研究室を設けました。ビルの完成から二年後にはイギリスのダイアナ妃が、精神障害者福祉施設として全家連ビルを見学に見えました。このように全家連は国際障害者年の頃から全家連ビル建設までは、法改正活動でも組織強化にしても社会復帰施設づくりでもすべてが順風満帆のようでした。

しかし、それから全家連の運営はつまずきはじめてしまいました。全家連が自社ビルを建設した直後、今度は厚生省精神保健課が社会復帰施設職員の保養研修施設を兼ねた障害者家族と当事者の宿泊施設の建設と運営を、民間法人の全家連でやれないかと打診をしてきました。厚生省が「国連障害者の一〇年」記念施設として国の一般予算を獲得して建設する計画でしたが、大蔵省の予算査定に失敗したので代わりにやってくれと、精神保健課長が全家連に持ちかけてきたのです。

この施設構想は、厚生省社会局が国際障害者年記念事業として、国立身体障害者福祉施設戸山サンライズを都内に作り、厚生省ＯＢが管理運営にあたった例を取り入れようとしたものでした。全家連では本部ビルと各地に作ってきた小規模作業所など授産施設の運営で精一杯で、とても新たな保養所など手に負えないと辞退したのですが、引き受けてくれれば国の補助金を一〇億円くらい確保するからと強く説得されて、まず事業部長が説得に応じ、続いて政策部長の私にも強く働きかけられました。

当時の全家連の事業活動のほとんどは、私（政策部長常務理事、その後専務理事）と事業部長のふたりの常勤常務理事を軸にして展開をしていたのです。地方在住の理事長や理事は、事業部長と私に全家連の活動のほとんどを任せてくれて、取り組むべき方針は理事会で決議し、具体的な活動は事務局と研究所が一体となって進めていたのです。私もかなり迷ったのですが、大学生時代に兄の外泊先として熱海の公務員保養所を不安な気持ちで利用したきょうだいとしての経験を思いだし、他の精神障害者や家族が安心して外泊や宿泊ができるならと思い、最後には賛成していました。

これまで作ってきたいくつかの授産施設やグループホームと違って、保養・研修・宿泊ができる施設となると、建設費には国からの援助があるとはいえ、運営は独立採算制が求められるので、厳しい現実を想定しながらの決断でした。全家連ビルに続いて二度目になる全国規模の寄付金集めは、都道府県支部の強い不興を買って困難でした。厚生省関係者の知恵と人員派遣でチャリティーショーなどを全国三箇所で実施したのですが、やはり多くの成果は得られず、国からの精神障害者授産施設と能力開発施設開設の助成金一〇億円と国の医療福祉金融機関からの約一〇億円の借金によって、一九九六年に栃木県の喜連川に温泉保養研修センター「ハートピアきつれがわ」を建設しました。

施設内には温泉保養宿泊所のほか、障害者福祉施策としての精神障害者の授産施設と小規模作業所と共に、障害者雇用施策として全国で初めての精神障害者対象の能力開発（職業訓練）事業所も開設しました。その結果、両施設の関係職員も含めた職員の総数は六〇余人に膨らみ、全家連は大きな事業体中心の活動に変わりました。

ハートピアきつれがわにかぎらず全家連の各種施設には、私のようなきょうだいの立場の人が、職員への転職のため多数応募してきました。給料が下がるにもかかわらず、熱心に仕事をしてくれました。

ハートピアきつれがわの建設が決まったものの、責任者となる施設長に適当な人物が見当たらず、また事業部長がこれ以上役職を兼務することもできず、この施設の発案者である厚生省の課長補佐が名乗り出ました。彼は「自分は本心からこの施設構想を考えたので、厚生省のキャリアを捨てて退路を断ってかかわるつもりだ」と意気込みを示していました。

そして施設設立のため建設と準備に掛かった約三年の間、事業部長と所長のふたりは周囲の人を寄せ付けない蜜月の関係で建設と準備に邁進していたのですが、開所式当日の朝、式の進行役の私が打ち合わせしようとした時、ふたりは競って相手を批判し喧嘩のようになってしまいました。表面を繕《つくろ》いなんとか開所式典は無事に終わりましたが、私は今後に大きな不安を覚えました。

開所式の数日後の理事会でも、ふたりは居並ぶ理事全員の前で言い争いをはじめました。言い合いの挙句に元厚生省課長補佐の所長が「こんなことでまとめられないから家族に精神病者が出るんだ」と発言した途端、理事会の雰囲気が変わり、すべての理事から施設長解任動議が出されて彼は退職となりました。

全家連では、いわゆる官僚の天下りの実際に触れる機会もありました。「年収一〇〇〇万円くらいで、ふたりの厚生省職員を全家連で受け入れてくれないか」という話が厚生省の精神保健課長から直々に理事長にあり、理事長は会に持ち帰って検討しましたが、どうも厚生省は全家連を見間違っているのではないかということになり、その話は立ち消えになりました。

当時の全家連の給予水準は、五〇代半ばの事業部長と政策部長の私も年収四〇〇万円程度であり

「とても七、八百万円の公務員だった人が勤められるものではないでしょう」と笑い話になりました。官僚はこうして国の補助金を出す団体に早期退職者の天下りを受け入れさせるのだなと社会勉強になりました。考えてみれば、日本精神病院協会の歴代事務局長は、ずっと厚生省のノンキャリアが定年前早期退職して勤めていました。だから精神病院協会から見れば、病院が診療報酬などで不利になるような精神障害者の人権向上や多数の病床削減などの医療施策ができないのだと感じました。

ハートピアきつれがわのような大きな施設の建設と運営は全家連としても初めてだったので、補助金申請に長けた事業部長が陣頭指揮を執っていたのですが、それに伴い全家連内で彼の発言権が大きくなっていきました。事業部長は次第にあらゆる業務への権限を手中に収めて、新しい授産施設などの各事業部長職の兼務、厚生省の審議会委員の就任、ほぼすべての重要会議への出席、都道府県連の大会への出席など極めて多忙な状況となりました。全家連本部の顧問弁護士池原さん出席の事務局会議を開いても、事業部長が自分の意見を強く主張して通らなければ感情的になるので、私を含め理事や事務局職員なども唖然とした状態で事態が進行してしまうのでした。それまでは、精神障害者の福祉業務の展開という目標で集まってきた職員全体が、低賃金でも労を惜しまず、本当に一致団結して働いてくれていましたが、やがて組織内の人間関係にも影響が及びはじめました。本部事務局職員も事業部長に従う者と反発する者とに二極分化する雰囲気になってしまい、私はこれからも精神障害者の社会福祉政策の要求と実現をし続けなければいけないこと考えると、全家連の施設運営事業が増え過ぎた故の不安を感じはじめました。

●全家連からの退職

一九九四年に八代英太議員が参議院から衆議院に鞍替え当選を果たしました。八代議員の政策秘書久保田さんから「自分はこれで引退するので誰か後任を探している。あなたなら全家連にも長く勤めて、専門の出版物や論文などでの業績もあるから、政策秘書の選考採用認定を受ければ勤まりますよ」と言われました。私は議員の政策立案能力を高めるためアメリカなどで政策秘書制度が導入されていた経緯も知っていたので、大いに興味があることを返事した後、久保田さんに全家連の仕事と掛け持ちが可能かどうかを聞いたところ「それでもOKですよ」とのことだったので、真剣に考えはじめました。厚生省が所管する障害者福祉の施策改善では八代議員が中心になって采配を振るっていました。政策秘書の久保田さんも政府や厚生省が障害者福祉政策を考えるときに大きく影響を与えていたのを数年間目の前に見ていたので、私も八代議員の下で政策秘書として動ければ、もっと精神障害者福祉施策に影響を及ぼすことができるのではないかと想像したのでした。また、もしこれが可能なら全家連で私の給料を返上して、多忙な事務局に新人をふたりくらい雇えるかもしれないと考えました。

久保田さんの話を聞いた数日後決心をして、私が盟友と思っていた事業部長にまず相談しました。彼は「兼務も名案だ。ＯＫだ」と答えました。その後すぐに全家連の相談役や理事長、理事にも相談した後、全員の賛意を受けて、一九九六年一〇月から国会議員公設政策秘書として朝八時から午後三時半まで勤めて、四時から八時まで全家連に勤務する生活がはじまりました。

ところが両方に勤めはじめてわずか一か月半がたった理事会の席上で、事業部長は突然「全国の障害者福祉団体の専務理事が一党の議員の秘書を兼ねるのはおかしい。福祉団体は思想・信条・信仰などに左右されてはいけないので政治的に中立であるべき筈だ。どちらかにすべきである」と発言したのです。たしかに、彼の論理は社会福祉事業団体間でも言われていたことですが、公設政策秘書は同じ公設秘書でも第一・第二秘書と違って選挙活動をしなくてもよく、議員の政策案作成のための国家公務員特別職なので、八代議員もそれを了解したうえでの兼務了承でしたから、まず事業部長に相談して了解を得ていたのでした。

事業部長の前言を翻《ひるがえ》す指摘に、出席していた理事の誰からもなんの発言もなく、まったく沈黙したままでした。私からも進退伺いの発言をしましたが、やはり数分間の沈黙でした。やがて私はその雰囲気を察し、その場で全家連退職の意思を表しましたが、やはり沈黙が続いていました。私の生来の性癖で他人と衝突しそうになるとすぐに身を引く癖があるのです。議員秘書の仕事をはじめたばかりで八代事務所を退職するのは申し訳ないという思いと、議員会館からでも全家連関係の活動を続けられるという考えもありました。こうして給料をそれぞれに一か月分ずつ返上して、身辺整理をしました。

私にとって全家連での制度・法律改正活動は、私個人の体験からも「やらなければいけない」と共感できる活動だったので、本当に取り組み甲斐のある仕事でした。自分の若かった頃、兄の退院と社会復帰のために必要だった住居探しと就労先探しを、家族会の人たちと共にひとつひとつ達成して、今では誰でも利用できる施策となったことも、私にとっては自己実現のひとつでした。また、「遺伝する・危険な人・不治の病い」という私たちきょうだい・家族の不安材料の解消に不十分ながらも貢献できたという自負もありました。

●政策秘書への転身

全家連から退職後も、議員の了解の上で参与という役割で全家連の精神障害者福祉関係活動を続けさせてもらいました。じつは八代議員も、父親が敗戦後のショックでアルコール依存状態となって精神科病院に入院したことがあり、「精神障害者家族の心情は痛いほどよく分かる」と話していたのでした。そんな訳で国会議員の政策秘書業務がはじまりました。

政策秘書をはじめた一九九六年、ソーシャルワーカーの国家資格として精神保健福祉士の資格を定める法律を策定するために、私の昔の同僚たちが厚生省の助言の元で議員会館の八代事務所に陳情に来ました。彼らは公務員が多く、いままでは民間精神科病院に勤める精神科ソーシャルワーカー協会幹部による身分法制定活動を強く批判していた人たちでしたが、自分たちがその協会の幹部になった途端に、身分法要求活動の陳情をする変節ぶりが私の目には奇異に映りました。

私が全家連に入職して厚生省の「精神衛生実態調査」に賛成した時に、「精神衛生実態調査には人権上の問題がある」と厚生省のやり方に反対する運動の先頭に立っていた人が、今度は自分たちの身分法獲得のために厚生省の入れ知恵の元で奔走しているのでした。また精社懇が誕生した時、私のことを指して「全家連の保守化の元凶は滝沢だ」などと批判していた人たちでした。

一九五八年に政令で定められた医療法の精神科特例で、精神科の医者の数は他科の三分の一、看護師の数は三分の二でよいとされていたので、精神科病院の現場では極端な人手不足が常態化して病院の看護体制の人員不足などに大きく影響していることを私は知っていました。そのため八代議員から「滝沢君どう思うかね。君の一番強い関心のある問題だよね。その返事次第によって私の行動を考えよう」と聞かれた時、すこし時間を頂きたいと返事をしました。

この精神保健福祉士法案には、社会福祉業務を職業にする社会福祉士会や一般病院などに勤務する日本医療社会事業協会（日本医療社会福祉協会）が大反対して、国会議員会館内で集会を開いていました。私はその集会にも出席して、反対する理由を聞きました。ソーシャルワーカーの業務のすべてが医師の指示の下でしかできなくなるという懸念でした。

だから私は、今回の精神保健福祉士法が、医師の指示下でなくても活動できる身分法なら良い、精神医療現場や地域福祉現場の人員増ができるならなお良いと考えました。そして諸外国で見た地域のソーシャルワーカー活動を想像し、日本中の精神保健と医療福祉の現場でリハビリテーション活動の人員強化ができるということで「医師の指示なしに精神保健福祉士が病院や地域の福祉施設で活躍できるなら賛成すべき」と八代議員に答えました。その一年後、一九九七年に成立した精神保健福祉士法には「精神保健福祉士は、その業務を行うに当たって精神障害者に主治の医師があるときは、その指導を受けなければならない」と記されました。医師の「指示」ではなく「指導」なので、ソーシャルワーカーの専門職としての判断が保たれていると判断しました。しかしその後の現実では、福祉施設の人員の点では身分が安定する精神科病院などへ就職することが多く、地域作業所や保健所に精神保健福祉士はあまり増えませんでした。

八代議員の政策秘書として勤務しはじめて、毎朝自民党本部で開かれる政務調査会での議論を聞くことで与党の政治家が行政施策を動かしているメカニズムを徐々に知ることができました。

自民党政権下では、政府案も党の了承がなければ法案が可決できなかったので、政府の法改正案を党に説明するために、政務調査会に政府の役人もほぼ確実に出席していました。自民党では、毎朝八時から政務調査会が本部会館の会議室で開かれます。代議士が出席できない場合は秘書が代理出席して（発言権なし）、資料を入手して出席した議員の発言とまとめを聞きます。各会議には、ほとんどの場合政府から担当課長などが出席し、他の関係委員会の政治家に説明し、党との協議の下、政府の法案の成立を要請します。いくつもの部会が同時並行的に開かれるので、政策秘書はそれぞれの部会の資料を入手して歩き、特に議員の所属する部会は全時間出席するのです。そうして午前中に会議が終了して、午後は資料の整理と各種関係団体からの陳情対応などが一日の仕事です。夕方も代議士が会合に出席するときは随行したり代理出席したりで多忙な毎日でした。

そんな時、全家連から「専務理事と総務部長や多くのスタッフとの摩擦が起きて困っている」と相談がありましたが、私はすでに役員でもなく参与の立場ではなんの協力もできませんでした。その後ますます混乱が増したようで、理事長も困った様子で愚痴をこぼして帰っていきましたが、私はやはりなにも言えませんでした。

その後、専務理事によって理事長が次の選挙に出られないようブロック選出を阻まれてしまい、別の人が新理事長に選出されたことを、専務理事が新理事長を連れて挨拶に来たとき初めて知りました。しかしその後の理事会でも、専務理事は自分の意思が通らないと「退職する」とまるで脅すような発言をして何度も摩擦を起し、実際に辞表を理事会に何度か提出していたので、数度目の辞意表明を理事会が受理して、ついに役職員解任となったことを聞きました。

●池田小学校事件と触法精神障害者をめぐる議論

一九九九年、保岡興治衆議院議員の迫田秘書から急に呼び出しがありました。彼は私が全家連時代から何人もの国会議員へ精神障害者福祉問題などで陳情をしていたことや、八代議員の政策秘書になっていたことを知っていた人でした。一九九九年の精神保健福祉法改正で積み残した三つの問題「社会的入院者の問題」「重大事件を引き起こす人（障害者）の問題」「家族の保護義務規定の問題」のうち、「重大な事件を引き起こす人の処遇問題」について、弁護士で裁判官でもあった保岡議員が私的に勉強会をしたいと希望しているので、一緒にやってほしいとのことでした。保岡議員と迫田秘書、保岡議員の日比谷高校時代の級友で朝日新聞の大熊由紀子記者と私の四人で私的勉強会の準備をはじめて、第一回の勉強会を一九九九年一月におこないました。

勉強会に参加するメンバーは、一九八〇年代には保安処分反対派だった日本精神神経学会役員のAさん。同じく反対派だった日弁連のBさんとCさん。「重大な事件を引き起こす人の問題」を研究課題にしているDさん。日本精神病院協会からEさんとFさん。保岡議員の知人のGさん。他に講師として有識者数人に参加してもらいました。

勉強会には法務省刑事局長や厚生省の精神保健課長などの官僚も招いて、「重大な事件を引き起こす人の処遇問題」について延べ五回の勉強会をスタートさせました。第二回の勉強会が終わった二〇〇〇年に、保岡議員が内閣改造で法務大臣に就任したため、八代議員が自民党障害者問題特別委員長の立場から後を引き受けて、メンバーに元文部大臣小杉隆議員とその秘書、それに小杉議員の知人で精神科病院長H医師が加わりました。

この問題を研究課題にしているDさんと日本精神病院協会関係出身のメンバーは、なんらかの司法的措置の実現をと論陣を張りました。一方保安処分反対派だったA、B、Cさんは反対もしくは慎重にという立場でした。法務省と厚生省の官僚は、与党議員の前であるためか、過去の事実関係や問題点のおさらいにとどめた発言が多くを占めました。それでいて法務官僚と厚生官僚は相手側の施策改善を求める発言に終始して、自分の属する省の具体的施策改善には消極的でした。そこで勉強会では「重大な事件を引き起こす人の処遇問題」に医療か司法かの二者択一ではなく、第三の方法がないかと議論を進めました。

その直後、保岡代議士が法務大臣就任記者会見で、精神障害者の問題になんらかの対応をする必要があると述べたのですが、私的勉強会を開いていることを説明しなかったため、それを聞いた一部の反体制的な精神医療・福祉関係者は「保安処分推進か」と緊張を高め、批判の声があがりました。

保岡議員は、精神医療そのものの構造的改革が必要との立場でしたが、医療の充実を具体的に進めるために、当時の津島厚生労働大臣へ異例とも言える口頭による日本の精神医療制度改善の申し入れをおこないました。その経緯もあってか、やがて二〇〇一年一月から、与党と厚生労働省と法務省による合同検討会がはじまりました。有識者からのヒアリングを続け、第五回の合同検討会が終わった直後の二〇〇一年六月八日、大阪教育大学付属池田小学校事件（男が小学校を襲撃して児童八名が死亡、児童一三名、教師二名が負傷した事件）が発生しました。

事件から二日たった六月一〇日には、犯人が過去に数回精神科で治療を受けていたことが判明しました。小泉純一郎総理大臣も「司法的対応の検討をはじめるように」と発言して、大きな政治課題となってしまいました。触法精神障害者への対応がこれほど社会的に注目されたのは、ライシャワー米国駐日大使刺傷事件以来でした。

今度は自民党で精神障害者の重大犯罪事件問題の対策会議が設置され、政府側からは厚生労働省社会援護局障害保健福祉部長や精神保健福祉課長らが状況報告をしました。この席で保岡議員から「保岡・八代勉強会」の報告書も紹介されました。とにかく党として事件防止のための新たなプロジェクトチーム「心神喪失者等の触法及び精神医療に関するプロジェクトチーム」の立ち上げが決まったのです。

翌日の六月一一日の自民党総務会のテーマのひとつが「精神障害者の重大犯罪……」と設定されたことについて、総務会に出席した八代議員から「テーマを精神障害者の犯罪事件と特定した論議は、障害者全体に対する国民の誤解と偏見を呼ぶ結果になるから適当でない。滝沢君、自分は先刻総務会でそう発言したがなにか適当な表現はないか」と尋ねられました。私は「保岡・八代勉強会で使っていた「心神喪失者」という表現は、精神障害者以外の事件にも共通しますし、あるいは「触法」という表現を用いるのはいかがですか」と答えたところ、八代議員は書き取ったメモを片手にすぐさまどこかに電話していました。そして六月二九日、「心神喪失者等の触法及び精神医療に関するプロジェクトチーム」の第一回会合が自民党本部会議室で開かれました。

翌日の六月三〇日、私は八代議員に五年弱務めた公設政策秘書の退職を申し出ました。八代議員の専任の仕事をする限り、終日議員会館に張り付いていなければなりません。八代議員に歩行障害があるので常に車椅子介助に人手が必要で、私は毎朝開かれる政務調査会の諸会議に代理出席する以外には議員会館の部屋を空けられませんでした。

池田小学校事件を受けた一連の流れは、ライシャワー大使事件と同様、精神障害者の管理取締りという根本的政策的課題に、政治レベルの介入がある事態と思えました。そしてふたたび司法的対策の議論だけが先行するかもしれないと懸念しました。この時こそ、精神障害者団体から与党議員に向けて精神医療の根本的構造改革を要望するチャンスであり、強く働きかける必要があると考えました。

私は八代議員の公設政策秘書から無給の私設秘書になり、全家連参与の立場から与野党の厚生労働部会や法務部会の関係議員に働きかけることにしました。八代議員も私の経済問題を心配しながら、私設秘書として議員会館を使うことを許してくれました。私が公設政策秘書になった頃、秘書給与の流用が新聞を賑わしていました。その報道では秘書の平均給与が年間二〇〇〇万円との記事があり、私も高給だから秘書になったのだと一部の全家連関係者から噂されたこともあります。実際の私の給料は、公設政策秘書の大卒初任給並みで、公務員歴などの前歴加算は一切なく、全家連の専務理事の給与とほぼ変わりませんでした。

●池田小事件後の政治的動き

自民党の「心神喪失者等の触法及び精神医療に関するプロジェクトチーム」の会議は、第一回が二〇〇一年六月二九日からはじまりました。夏から秋にかけてプロジェクトチームが開催されている間にも、精神医療福祉関係団体や弁護士連合会からいくつもの声明が出されました。その多くは「保安処分反対」もしくは「精神医療改革なき新法反対」というものです。私は全家連役員と共に、この機会にこそ各種障害者団体の立場で精神医療の抜本改革にむけて積極的に意見表明をするべきだと、与党プロジェクトチームの議員メンバーに陳情を繰り返しました。とりわけ司法手続きのみの強化を主張しないようにと強調しました。

しかし、二〇〇一年一二月に政府は「心神喪失者等医療法観察法案」を内閣提出法案として国会に上程しました。これに対して日本弁護士連合会や精神医療当事者が反対運動を起こし、民主党からは精神医療の改革が必要だという趣旨の法案が提出されましたが、国会は政府の原案通りの「心神喪失者等医療観察法」を成立させました。反対運動の人たちからは「法律の中身は精神医療の構造改革ではなく、事件を起こす精神障害者の厳重観察を趣旨とするだけで、保岡・八代勉強会は悪法成立の引き金を引いた」と批判されてしまいました。

その後、私は雑誌『中央公論』から求められて池田小学校事件について「宅間容疑者に騙された精神科医、警察、司法」という論文を執筆し掲載されました。私はこうした精神科受診者による重大事件ばかりが多く報道されることが精神障害者危険説につながるのではないかと考え、実際に精神障害者が関係した事故・事件などの事例調査をして、法務省の犯罪率統計でも精神障害者の事件が一般人より少ないことなども書きこみ、二〇〇三年に単行本『精神障害者の事件と犯罪』を中央法規出版社から出版しました。二〇〇三年、池田小学校事件の容疑者には、心神喪失はなく責任能力ありとして死刑判決が言い渡され、一年後の二〇〇四年三月に異例の早さで刑が執行されました。

二〇〇五年の郵政民営化を争点とした選挙で八代議員が落選してしまい、議員会館内の私の活動拠点もなくなってしまいました。しばらくして保岡議員の後援会事務所に拠点を移させてもらい、私は個人として「精神障害者権利擁護研究会」を立ち上げ、名刺にも「精神医療・障害者福祉モニター」と刷り込み、現行の精神医療のあり方について個人的にでも意見具申をおこなうことにしました。

●全家連の破産

八代議員の公設秘書から私設秘書になった翌年の二〇〇二年の秋頃、知人の毎日新聞と朝日新聞の社会部記者から続けて電話が掛かってきました。「全家連が国の補助金の一部を目的外使用しているという情報があるが、実際はどうなのか」という質問でした。私は率直に「ご存知の通り施設建設まで全家連にいたが、その後退職して今は八代事務所にいる。しかし、いくらかはそうしているかもしれない。私の在職中にも一部ハートピアきつれがわの運営費に充てることを厚生省に黙認されてきたようだが、すべて元専務理事（事業部長）と当時のハートピアきつれがわの所長が取り仕切っていたので私には詳細は不明だ」と返事をしました。両記者とも「大変な事態だが国民全体に大きな影響を及ぼすような社会問題と言える程の記事になるか不明だな」と呟きながら電話が終わりました。その電話があった数日後に、今度は読売新聞の記者がいきなり大磯の自宅を訪ねてきました。朝日・毎日新聞の記者と同じ質問をしてきたので、同じことを答えました。読売新聞の記者は、もし記事にする場合は事前に連絡をしますと言って帰りました。

二〇〇二年一一月の日曜日の読売新聞朝刊一面に五段抜きで「全家連国費補助金目的外使用」と記事が載りました。それと共に数日後、一冊の単行本『霞が関の犯罪――「お上社会」腐蝕の構造』と題した本が自宅に送られてきました。それはタブロイド新聞でよく名前を目にする本澤二郎記者（元読売新聞政治部記者）の著書で、全家連を解任された元専務理事が差出人でした。その本には、元専務理事しか知りえない詳しい補助金の使い道や厚生省関係者とのやりとりなどが書かれていて、多くの全家連関係者や障害者団体関係者などに送られたようで、数日間私の家の電話や議員会館の電話が鳴り続けました。

結局、全家連は補助金を出した厚生省や日本財団などの民間助成団体から会計監査のやり直しを何回も受け、専務理事の指示で仕事をしていて細かい内容を知らない事務局員には大変な作業であったことを知りました。二〇〇七年、全家連は破産となり、全家連本部ビルもハートピアきつれがわも手放しました。授産施設と能力開発施設は別法人に厚生省が委託し、財団法人本部は厚生省の指導で自己破産して解散となりました。

●大学の教授職就任と構造改革特区の認定申請

二〇〇三年の始め、日本社会事業大学の恩師石井哲夫先生（当時日本自閉症協会会長）から電話があり、友人が学長を務める目白大学で精神保健福祉士の養成コースを作るので、ぜひそこの教授になるようにとの話をいただきました。しかし私自身は精神保健福祉士の資格をとっていませんでしたし、養成コースとは言え大学教授職に関心もなかったのでそのように答えましたが、「君は精神保健福祉士法成立に賛成したのだろうから、この仕事も大事だ。立ち上げまでの数年間だけでも協力してほしい」と言われ、結局引き受けました。

最初に私に要請されたことは、精神保健福祉士受験の条件である社会復帰施設や精神科病院などの学生の実習先探しでした。なんとか旧知のソーシャルワーカーや精神科病院長に頼み込んで学生の引き受けを承諾してもらい、大学は新講座開設の認可を受けましたので、翌二〇〇四年四月から目白大学人間福祉学科教授に就任しました。

その翌年、今度は目白大学の学長から直々に自宅に電話があり「次に作業療法学科を起こすが、あなたの知り合いの作業療法士から実習の協力を得てほしい」との依頼でした。学長自らの電話は、またも実習先探しでした。私は一瞬考えて「今度の仕事で私の大学での役割は終わらせてほしい」と言い、早速学長宛に退職願を書き大学へ送付しました。結局ほとんど形だけの二年間の教授職と一年間の客員教授を勤めて、退職を認められました。

二〇〇七年に目白大学教授職を退職後、保岡議員の後援会事務所をいつまでも借りている訳にもいかず、以前海外の精神科医の状況を教えてくれた千葉県の浅井病院長に事情を話し、数か月間参与という形で嘱託臨時職員として雇用されました。

やがて四国で社会復帰活動を熱心にしている正光会宇和島病院の渡辺三郎院長から、地域活動の職員研修の講師と地域の受け皿となる退院先づくりに協力してほしいと頼まれて、参与と嘱託職員として月に一度宇和島へ通うようになりました。この病院は、二代目の院長が一九七三年に宇和海の海岸沿いの真珠養殖業者の作業場と宿舎を買い上げて、長期入院者の退院後の受け入れ宿舎を全国に先駆けて作った民間精神科病院でした。グループホームの前身と言える施設です。

私が川崎市社会復帰センターに在職していた時、全家連の全国キャラバンに同行してくれた徳永さんが愛媛県に帰郷していて、宇和島保健所主催の社会復帰講演会を開くのでセンターの実践を岡上所長と共に報告してほしいと依頼されて訪れた際に、宇和島病院の院長たちとも懇意になったのでした。

こうして愛媛県まで毎月出張することになったので、それ以外に定職のない私は、この機会に愛媛県精神障害者家族会連合会の事務局を訪れて、家族会に協力をしたいと伝えました。そして、私があやめ会作業所などの立ち上げを踏まえて「精神障害者の社会復帰施設の作り方」をテーマに松山保健所で講演した時、講演を聞いてくれた精神障害者の息子を持つご夫婦が「自分たちの持っている土地と家屋を提供するので、なんらかの形で活用してほしい」と言われました。私はこの申し出と家族会県連の法人化と宇和島病院の社会復帰施設づくりとを考え合わせて、良い方法はないかと思案しました。

当時、小泉首相の発案で「構造改革特区」制度が全国で展開されていたので、それをこれらの企画に当てはめてみようと考えました。障害者雇用促進法の障害者雇用率に精神障害者を適用することの前倒しと、厚労省が長期入院患者の退院促進事業プランの実例として宇和島市内にある雇用促進住宅に精神障害者を受け入れる特区の申請を宇和島病院からすることになり、与党議員の元政策秘書で厚生省の障害者雇用研究会にいたことのある私が、厚労省障害者雇用対策課への橋渡しをしました。しかし厚労省の障害者雇用対策課長からは「この二点は関しては勘弁してほしい。その代わり、別の計画があればそちらの実現に協力しましょう」という回答を得ました。

そうして考えた案のひとつは、それまで精神障害者向けのものが少なかった公共職業訓練所（精神障害者の能力開発事業）として、全家連が取り組んだのと同じ事業所を松山に作り、社団法人の家族会連合会が運営する案。もうひとつは、厚労省の厚生労働科学研究を宇和島病院の精神障害者のリハビリテーション研究会に委託助成する案でした。どちらも認められて、社団法人が公共職業訓練所（能力事業）設立運営をすることになり、また宇和島病院のリハビリテーション研究会に二年間、研究費が助成されることになりました。これで私は、私の旅費などを負担してくれる宇和島病院に恩返しができたと一安心しました。

●きょうだいとして、専門職として

二〇一〇年末、八代元議員から久しぶりの電話がありました。「シリアで国際協力機構（ＪＩＣＡ）の社会福祉政策指導を中心に活動している隊員が任期終了帰国するので、後釜として行ってもらえないか」という話でした。私は英語もアラビア語もできないし、社会福祉施策指導をする任務では具体的技術もなく役に立てないので断りました。八代元議員は「現地でアラビア語のできるボランティアを二四時間つける」と言い、シリアに赴任中の隊員ともメールで何度かのやりとりをした後、結局引き受けることになりました。

国内の精神障害者に関するいくつかの現場の仕事や役員などの辞任をすべて済ませて、二〇一一年二月には胃カメラなどの多数の健康検査の結果を提出しました。三月三〇日、現地でサポートしてくれる外国語ボランティアの青年が大磯のわが家に泊まりがけで挨拶に来ていた夕食時に、八代元議員から電話がありました。シリアの厚生大臣が政治的混乱のため受入を拒否した、とのことでした。翌々日のエイプリルフールではないが、国内のすべての仕事を整理した私にとって、よもやの大逆転でした。

結果的には、長かった学生と社会人との二重生活や全国の精神障害者家族会活動、いくつもの社会福祉施設づくりなどの、自分の天職とも考えた仕事からの引退の機会を天が与えてくれたのだとの感を持ちました。

二〇一一年三月、今度もまた私は新宿家族会の人に頼まれて、発達障害者の地域施設を立ち上げるべく、東京の高田馬場で障害者の母親たちと活動中でした。そこに東北の大地震が起きました。精神科病院入院者五〇人が、大津波ではなく、東京電力福島原発の放射能汚染からの退避中に死亡したことを、数か月後の新聞報道で知りました。その記事を読んだ私の心は大きく揺れました。自分は引退したように考えていましたが、まだ精神科病院には二〇万人以上の社会的入院者が取り残されている。まるで頭を殴られたように感じました。

数か月後、ようやく高田馬場に発達障害者の施設「NECCO（ネッコ）」ができたので、ふたたび私は八代元議員の紹介で、ある衆議院議員の私設秘書の肩書をもらい、議員会館と国会図書館を利用して当事者・家族からの視点で日本の精神医療の歴史を分析して、その報告と政策提言について論究した本『検証：日本の精神科社会的入院と家族』（筒井書房）を出版しました。タイトルは「社会的入院」としましたが、実際は日本の精神医療の構造的分析でした。それを当時の財務省主計局厚労省担当主計官や厚労省村木事務次官と医療課長、保険課長、精神保健福祉課長などに直接会いながら手渡しました。これこそ私の最後のソーシャルワーカーとしての卒業論文のつもりでした。

以上が、こころ病む人たちとその家族・きょうだいと歩んできた私の「内面と人生の記録」です。父の死や兄の発病により何度も人生に絶望した私でしたが、きょうだいとして精神科ソーシャルワーカーになってからは、その都度自分がやるべきだと思ったことは親切な他人の助言も聞かずに、もっぱら自分の内心の声を聞きながら頑固にやり通してきました。「色々チャレンジして努力すれば、人は人生の終わりが近づくにつれなんとか自己実現できる」という心境です。

私のような家族・きょうだいや当事者の活動と実践が、多くの精神医療・福祉関係者にとっても励みになることと、当事者・きょうだいが障害者運動へ更に参加することで、日本に生まれたことを誇りに思えるような、人間味豊かな精神医療と精神障害者福祉が実現することが今の私の願いです。

私の長年の愛読書『ヘンリ・ライクロフトの私記』は、貧しく暮らして苦難の道を歩んだ意欲的ではあるが売れない小説家が、偶然にも老年に至って生活の糧を得て、ようやく手にした安息の日々の心境を描いた小説です。私も何度かの転進を経て、自分のできることはそれなりの代償を払いながらもほぼすべてやり終えたという思いです。最近足腰や身体の衰えを感じますが、老年期になり愛読書の主人公のように、ようやく平穏な心境の生活になりました。まだ多少の心残りはありますが生きてきて「まあこれまでか」としみじみと呟いています。

みちしるべ―精神障害者のきょうだいのために

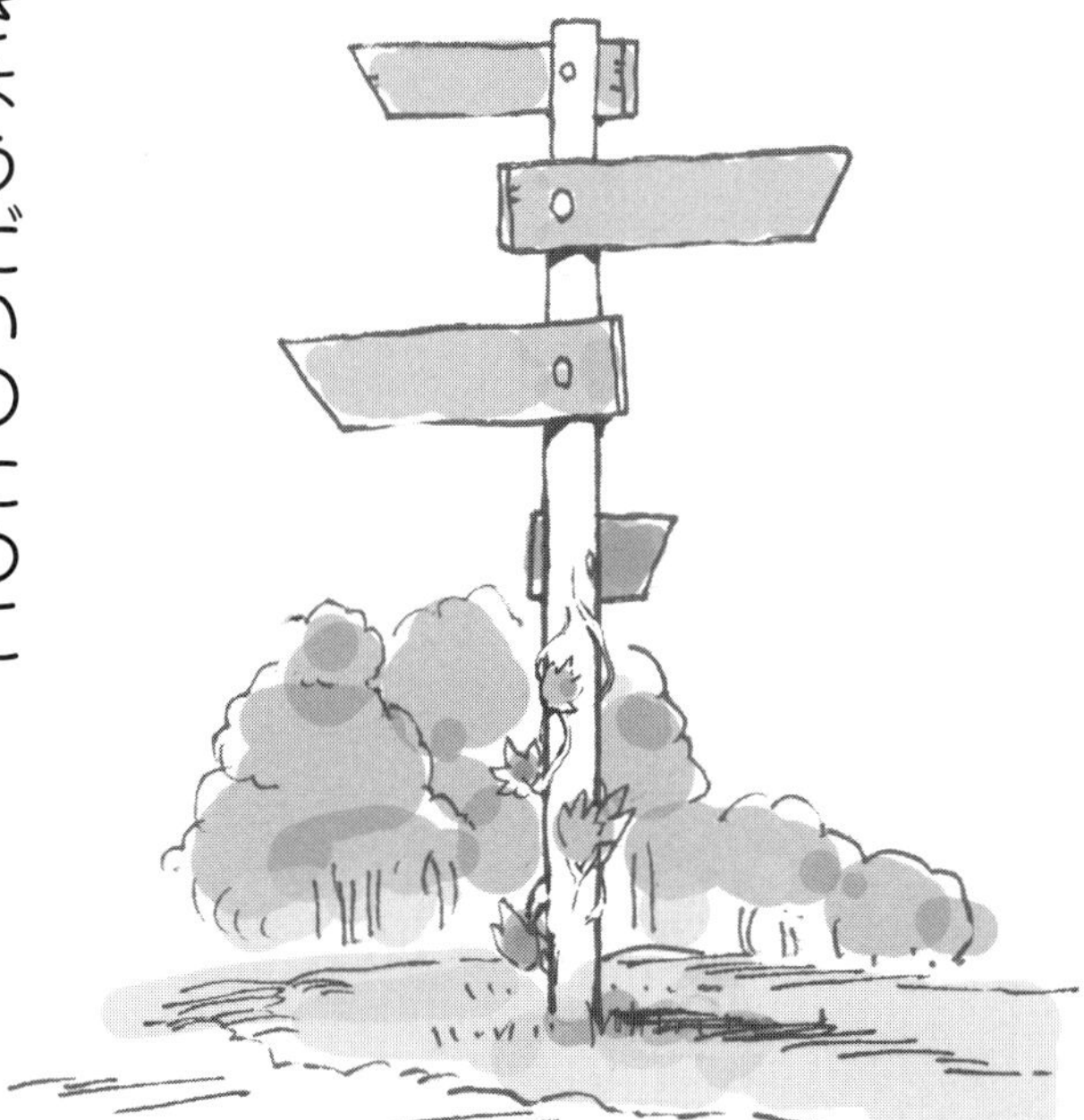

私は、きょうだいとして、また精神科ソーシャルワーカーとして、精神医療と精神障害者福祉にかかわってきました。そして多くのきょうだいの相談を受けてきました。今回その相談内容を思いおこしながら、Q＆Aの形で「みちしるべ」としてここに書き記しました。

私の好きな山歩きには、どんな山でもかならずなにかの「みちしるべ」がありました。こころの病いのきょうだいを持ったあなたに、なにか手がかりとなる、もののの見方・考え方・生き方をすこしでも再発見していただけたら望外の幸せです。

病気について

本人の病気がまた悪くなったら心配です。きょうだいとして悪くならないようにできることはありますか？

あなたの不安はもっともです。しかし周囲の人との感情的な摩擦が大きいと、本人の状態に悪い影響を与えてしまいます。とにかくあなたも、周囲の人も、できるだけおだやかに本人に対応してください。今までの付き合い方を思い起こしてみて、どんな対応をしたか、その対応が適切だったかどうか、他の方法がなかったか、などについて考えてみてください。

特に親の立場からは、悪くなったと感じた時、過去の最悪な状態を想像してしまうことが多いようです。親の不安な状態を見て、あなた自身もますます不安な状態に追い込まれてしまうかもしれません。そんな時はあなたも身近で相談できる人に話してみることで、心が落ち着くかもしれません。できるだけあなた自身が家族や本人の不安に巻き込まれないように、落ち着いて考えてみてください。本人との関係が悪くなった時の事だけでなく、優しかった本人の幼い頃のことや、元気な状態も思いだして、できるだけ冷静になるようにしてみてください。

きょうだいであるあなたは、親よりもすこし他人事のように、本人の生育歴や親子・きょうだい関係などを冷静に見直せるかもしれません。できれば、本人の立場に寄り添ってあげてください。親より年代や心情の近いあなたならできることです。あなたからも、本人に心配しているとメッセージを送り続けることも大切です。

本人の病気が急に悪くなったらどうすればいいですか?

精神科では、幻聴・幻覚・妄想状態などの主症状が激しくなる、あるいは服薬中断などによって病状が再燃して、周囲との摩擦が大きくなった状態を「病気が急に悪くなった」と表現します。あなたも本人を気にかければこそ「急に悪くなったのではないか」と心配になることもあるでしょう。

しかし、ひとつ気をつけて欲しいことがあります。家族同士の関係の悪化です。本人に対して批判や敵意を表してしまうことや心配のしすぎによって口論が家庭内でエスカレートした場合も、家族やきょうだいからすると、本人の病気が悪くなったと思ってしまうことがあります。それは本人の病気の悪化ではなく、家族内の心理的・精神的な関係の悪化によるものです。家族内の人間関係という近過ぎる関係によるものですから、冷静な判断や対応を心がけることが必要です。

こういう場合は、まず第三者に相談して、客観的に判断してもらうと良いでしょう。あきらかに病気のような、独特な幻覚や幻聴、妄想などがあると思える場合は、ソーシャルワーカーや医師に、本人を同伴して相談しましょう。継続して診てもらっている主治医がいるなら、主治医に相談して服薬指導などを受けるといいでしょう。それでも状態が改善されない場合は入院も選択肢になりますが、まず病院見学などをして、本人の意思で入院する「任意入院」になるように本人と話し合ってください。家族の希望のみで入院させる「医療保護入院」は、入院生活上多くの行動制限があるので本人はそれを苦痛と感じ、後で本人との関係が悪くなることが多いので、できるだけ避けるよう努力してください。

精神科病院の入院形態には、ほかにも「応急入院」や「措置入院」があります。「応急入院」は本人にも家族にも同意がとれない場合、緊急に七二時間に限って入院させる制度です。「措置入院」は自傷他害のおそれのある人を強制的に入院させる制度で、警察官などが都道府県知事に通報して鑑定医の短時間の簡易鑑定によって決まります。いずれにしても、残念ながら精神科病院では多くの行動制限があり、病気の治療とは言え本人には大きな苦痛と感じられるものです。そんな苦痛を他の人にわかってもらえないというしこりが、退院後に残ってしまうことがあります。本人のことを思って無理にでもという気持ちになりがちですが、入院の判断や説得は、その後の本人との信頼関係にかかわる非常にデリケートな問題となるので慎重に進めることが大切です。

心理的・精神的関係の悪化でも病気の悪化でも、本人も家族も悩み苦しんでいる状態だと思います。可能な範囲で本人の言い分を、あなたが聞いてあげられると良いでしょう。話を聞くだけでも、意味があります。本人の眼を見て、できるだけ穏やかに、ゆっくりと心を込めて聞くことが重要です。

本人に対して「わけがわからない」という思いを拭えません。本人のことをどうやって理解したら良いでしょうか？

こころを病んで、以前とは人が変わってしまったように不条理な言動や無気力な姿を見せるようになった本人に対して、「わけがわからない」という思いを持つこともあると思います。病状が長く続いていれば、なおさらです。

あなたは、本人の病気に振り回された疲れや、他人に話しても理解されなかったつらさ、自分のことが二の次になってしまった疎外感のために、「わかりたくもない」という思いを持っているかもしれませんね。

精神疾患には、レントゲン写真のように目に見える検査も、血糖値や血圧のように数値で見える検査もありません。病気の仕組みも原因もはっきりとわかっていません。そんな精神疾患そのもののわからなさも、あなたが本人のことをわからないと感じる一因かもしれません。あなたが本人について「わかるはずがない」と考えていても、無理のないことだと思います。

しかし、本人も病気に振り回されてもがき苦しんでいます。あなたが「わけがかわらない」

と感じているのも、本人の病気に振り回された部分ではないでしょうか。一緒に育ったきょうだいだから分かり合えることもあります。幼かった頃からの本人の印象や関係を思い出してみてください。たぶん、それがもともとの本人の姿です。もともとの本人の部分と、病気に振り回されている部分とが見えてくれば、あなたもすこしほっとできて、本人のことを見直せるようになると思います。

医師や支援者からは症状が安定してよくなっていると聞きましたが、発病前とはほど遠く、もどかしい思いがします。本人に多くを求めすぎなのでしょうか?

私もソーシャルワーカーになってから、家族やきょうだいの方からよくこのような意見を聞きました。たしかに、家族・きょうだいからすれば、発病する前の元気な本人に戻ることが「病気が治る」ことだと考えるのは、私にもよくわかります。一方で、医師や支援者は、本人が医療・福祉にかかってからの関係ですから、本人の状態の悪いときとくらべて「よくなっている」と見るのでしょう。けれども、この見方の違いだけのために、医師や支援者との関係が悪くなってしまっては本人のためにもなりません。はたして「回復する」ということを、どのように考えたら良いのでしょうか。

精神科医はこころの病いが「完治」するとは考えません。病いの原因がわからないことと、ふたたび状態が変化することもあるからです。だから精神医療では、投薬やカウンセリングを受けながらでも、精神状態が安定していることで良しとする「寛解」という表現を使います。発病する前の状態に戻って欲しいと願う家族・きょうだいには、医師や専門家の見方はなかなか受け入れにくいことかもしれません。しかし、それよりも本人にとって大切なのは、現在の生活ぶりとこれからの生き方です。

私の場合は、兄が退院して地域で自立生活をはじめたことから「回復する」とはなにかを学びました。「きょうだいとして生きた内面の記録」にも記しましたが、長期入院をしていた兄は、通院して薬を飲み、ひとりの生活に疲れたときには休息入院もしながら、アパートで自立生活と、ずっと希望していた株取引もはじめて、自分なりの生活と人生を取り戻したように見えました。そんな兄の暮らしぶりをそばで見ながら、私はこれもそれなりの回復した姿なのだと考えるようになりました。

本人がほかの人たちのように地域社会で自立に向けて生活することを考えられるようにな

れば、それは大きな変化です。本人の心の状態と本人の望む生活との妥協点や、家族・きょうだいとの人間関係の落としどころが見つかれば、回復と考えて良いと思うのです。

他の病気でもそうですが、医療にかかりながら家族と付き合い、障害年金や生活保護を受給しつつ、アルバイトや作業所で仕事をしたり、趣味を持ったりして生活をする。これは本当に立派な社会参加であり、「社会的治癒」と呼べる回復だと思います。昔の私は、このような「社会的治癒」に気付かずに、兄に対する対応の遅れを反省しました。どうかきょうだいとして、これらのことを良く考えて、本人の望みに耳を傾けてあげてみてください。

もっと身ぎれいにして、栄養バランスのとれた食事をとって欲しいと思いますが、本人は着替えもめったにせずに、食事にも無頓着で今の生活を変えようとはしません。なにか良い方法はありますか?

このような問題は、同居する家族やきょうだいにとって大きな気がかりのひとつですね。じつは、私自身がこのような方に対して、あまり有効な方法を提供できなかった経験があります。それでも、通院している人でしたから、家族やきょうだいから病院に連絡してもらって、通院の折に健康診断を受けたり、訪問看護や訪問型自立訓練を利用したりして身体の健康も管理してもらい、それからは日常の食生活はあまり心配しないことにしました。

身だしなみの面では、男性の場合ですが、家族は髭ぼうぼうだと言っていましたが、本人と会ってみると数日ごとに髭剃りをしているようなので、他人から見てもまあこれでよいかと、家族に報告して不承不承でしたが了解してもらいました。たしかに、衣服もずっと同じものばかりを着てかなり汚れていたのですが、これも季節ごとの交換はしているようなので、あまり口やかましく言わなくても、体裁や外聞は良くないがもうすこし黙って様子を見る方が良いと伝えました。

このようなタイプの方は、本人が興味や関心を持っていること以外には無頓着で、周囲の意見は受け入れにくいようです。むしろ話題を本人の希望や関心事に方向転換することで、変化のきっかけを生み出すでしょう。

人間関係について

きょうだいにこれまで迷惑ばかりを掛けられているので、本人に優しくできません。

こうした相談をなさるあなた自身は、本人に対する優しさがある方しょう。これまで相当、本人に色々な支援や協力をしてきたのかもしれませんね。そんなあなたがこれ以上優しくと思っても、たしかに難しいかもしれませんね。

無理に努力しても、それだけでは済まずに、次々と努力を求められることもあります。あなたが無理をすることで、かえって本人の疑心暗鬼を呼び起こすこともあります。本人との間に強い感情的摩擦が起きるかもしれません。あなたの優しさを、本人は負い目と思っているかもしれません。私の兄も時々、そう言いました。

「あなたにできること」と「もう限界だからできないこと」を時には本人にきちんと伝え、本人と時間的にも物心両面でもすこし距離を置いてみてはどうでしょうか。家族やきょうだいが、個人の努力でできることとできないことを、よく考えて整理してみる必要があると思います。

個人の努力ではできないことに対応するために、専門的な医療機関や社会福祉機関があるのです。あなたの限界点を考えてみることが、公的な支援機関を探すきっかけになるかもしれません。

家族やきょうだいとの同居から、それぞれが自立を模索することもお勧めします。かかわり方を考えることをきっかけにして、障害基礎年金や生活保護による単身自立生活を試みて、今まで絶対にできないと思われていた自立生活ができた人もいました。できないことを伝えたり、すこし時間をおいてみたりすることも、あなたの優しさかもしれません。

本人よりも親に腹が立ってきます。

もし、病気の原因が親の育て方や躾にあると考えるのでしたら、それはたぶん間違っていると私は思います。こころの病気の多くは、まだはっきりとした原因が分かっていないからです。たしかに精神医学の中には、発病の原因について身体説・心因説・環境説・教育説などを唱える流派がありますが、今でも不確かなのが現実です。私の母が、「どうしてこの子が病気になったのかわからない。同じように懸命に、六人を分け隔てなく育てたのに」と話していたことを思い出します。

私も育て方に原因があるという説に一時影響されて、両親を恨むような心情になったこともありました。しかし、父が早くから死んでしまっており、両親がどのように本人にかかわったのか、詳しい事情もほとんどわかりませんでした。それを調べる時間もなく、また親の躾や教育のことなどを思い出して恨んでもどうしようもありません。また一方で対人関係の障害が病状だとも言われています。しばらくして、どうしたら本人と親との関係を変えられるか、病気を治せるか、対人関係を良くする方法はないかと考えるようになりました。

あなたの親への思いが、「どうしていつまでも本人を甘やかしているのか、親は自分たちのいなくなったときのための準備を「不安だ」と言いながら、なにもできないまま抱え込んでいるではないか」という腹立ちだとしたら、それは親ときょうだいの役割意識の違いではないでしょうか。親として精一杯、その時と状況に応じて努力をしてきているでしょう。手探りで対処方法を考えていて、結局どうしたらよいかわからない親が多かったように感じました。病状が残っていて職に就けない子どもに親としてなにをするべきか、誰も教えてくれません。親自身も必死に手探りで頑張っているのでしょう。
　相談支援事業所では、悩みや福祉の利用などについて相談することができます。相談した結果、就労支援施設やグループホームを利用することになれば、親の「子離れ」の具体的な手助けになるかもしれません。親が孤立して手探りで対処し続けなくても、それらを活用し悩みを解決できる社会資源がようやく整えられた時代になったのです。
　どうかあなたの親に腹が立つ理由を詳しく吟味してみてください。人の話を聞いたり、自分の話を聞いてもらったりすることで、考え方が広がることもありますから、きょうだい会や親の会などの自助グループなどで、自分の親以外の話のできる人たちに相談してみてください。

結婚相手やパートナー、付き合っている相手に本人のことをどう伝えたらいいのか迷っています。

フランスの作家サン＝テグジュペリは「愛するということは、おたがいに見つめ合うこと

ではなくて、諸共に同じ方向を見ること」と言っています。ふたりの共同生活は長く続くわけですから、隠し事があまり多くない方が、相互不信を起こさないでしょう。できれば、家族・きょうだいの現況を多少なりとも伝えておくのが良いでしょう。こころを病んでいるきょうだいがいると話したら、相手がどんな反応をするか心配でしょうけれど、ある程度のことを伝えておかないと、相手に負い目を持って、その後ずっとあなたの心の重荷になるかもしれません。

しかし、相手が精神の病気や精神障害に対してどんなイメージや考え方を持っているかがわからないと、どう伝えたらいいのかもわかりません。あなた自身が本人のこころの病いについて持っているイメージや考え方によっても違ってくるでしょう。あなたがもし、本人について「普通の病気」という程度に楽観的に考えているのであれば、率直に話せるかもしれませんね。「治らない」とか、「危なくて社会生活のできない病気」と不安で悲観的に考えているなら、詳しく話すことはできないかもしれません。それでもあなた方ふたりの関係にかかわることですから、現状について多少は話しておいた方が良いでしょう。たとえば「ちょっと、こころの病気で精神科にかかっている」程度の表現で。

私たちの場合は、やはり色々と考えた結果、私と次兄、三姉は相手に療養中の兄のことを率直に話しました。次姉は相手には話したけれども、お舅さんには伏せたそうです。私が出会った人の中には、相手に話してその後何事もない人もいましたが、結婚後も相手になにも話さずに、ずっと負い目を持ってしまった人や、子どもがようやく手がかからなくなってから話したところ結局離別した人もいました。

人生を共に歩む自分たちに、こころ病むきょうだいのことがどの程度かかわってくるのか、どこまで世話をしなくてはいけないのか、あるいはしたくてもできないかもしれないなど、相手も不安を持つでしょうから、できれば家族会やきょうだい会などで経験者の知識も借りながら、すこしずつでも話していかれてはいかがでしょうか。

自分の子どもに本人の障害についてどう話したら良いでしょうか？

私の三人の子どもが幼いころには、兄の障害についてあらためて話したことはありませんでした。子どもたちが赤ん坊のころから、兄を自宅に呼んで、遊びもかねて食事に来てもらっていましたから、兄にそれなりの親しみを持っているようでした。そして、昼間はどこかの作業所へ通っていることも薄々承知しているようでした。三人の子どもがそれぞれ成人になる頃には、私が勤務していた全国精神障害者家族会事務局が兄に関係する精神障害者団体であることも認識しているようでした。直接兄の障害を伝える必要はないと考えていましたが、子どもたちも自然と兄の障害を理解したようです。

その後、私は拙著『こころの病いと家族のこころ』(中央法規出版)の刊行を機に「これはお父さんが書いた本だよ」と子どもたちに一冊ずつ手渡しました。それから数年して、長女や二女から職場のメンタルヘルスの具体的な相談などもあったので、あらためて兄のことを話す必要もないと判断していました。やがて隣町に住む兄が急逝したときには、近所に住む長姉と私たち夫婦と三人の子どもたちも出席してくれて家族だけで兄を見送りました。

こうして振り返ってみると、子どもの年齢や、障害がどんな状況なのか、それまでにおじ・おばに関する情報が子どもたちにどう伝わっているか、おじ・おばとのかかわりが具体的にどんな形であったか、子どもたちからどんな質問があるかなどによって、親としてどのように病気や障害のことを伝えるかは、必ずしも一様でないのではないか思います。たとえば「統合失調症だよ」と病名を告げたとしても、子どもたちが持つ統合失調症のイメージと合致して納得するかどうかもわかりません。却《かえ》って誤解するかもしれません。

ただ、これだけは言えるかもしれません。両親が病気や障害について楽天的であれば、子どもたちもおそらく楽天的に社会復帰や自立生活が可能だと思うでしょう。親が悲観的で治らないのではないかと不安な気持ちを持っていれば、子どももたぶん悲観的になるでしょう。それでも、偏見や誤解が働くことが家庭内でもあり得るので、おじ・おばの障害についてどう告げるかは、子どもたちの成長を見計らうことが必要だと思われます。成長段階に応じて本人の存在を無視せず繰り返し話し合うことは、家族内の親子関係を深める意味でも大切なことでしょう。

きょうだいとして支援者と上手に付き合うコツはありますか?

私は「もっと早く、しっかりと支援してくれ」と、支援者に対して注文の多いきょうだいでした。みなさんも同じ思いを持ったことがあるのではないでしょうか。多くの医師、看護師、ソーシャルワーカー、心理士、生活支援員などの専門的な支援者は懸命に支援をしてくれましたが、当時は、退院後の社会復帰支援システムがまったく無かったため、住居探しや就労先探しなどに積極的には動いてくれず、親身に対応してくれないと感じることがありました。利用者の希望やニードが跳ね返されるような、支援者の専門性や制度の壁にぶつかることもあったのです。現場の支援者は、治療と生活支援という自分の職務を果すために、利用者が素直に言うことを聞いてくれることを心の中で期待していることもあるのです。

では、私たち家族やきょうだいは、支援者とどのように付き合えば良いのでしょうか。家族やきょうだいが、ときには「モンスター・ファミリー」と言われてしまうのも、「わかってほしい」気持ちがうまく支援者に伝わらないもどかしさのために、相手の立場が見えなくなってしまうからではないでしょうか。支援者の年齢や経験、人柄などにもよりますが、はじめからなんでもわかってくれると思わず、すこしずつ相談を続けて、良い信頼関係を作りたいものです。困っていることがすぐに解決しなくてもあきらめず、身近な支援者をつかまえて根気よく相談しましょう。どうしても良い関係が築けない場合でも、すこし時間をおいて相談しなおしたり、別の立場の支援者を探したりしてみてください。

自分のことについて

自分の人生を生きようと思うと、本人を他人任せにするのかと後ろめたさを感じます。

あなた自身はすでにある程度、自分の進路や生活の方針、家族やきょうだいとの距離感覚を持って、自己決定をしながら人生を歩んでいるのでしょう。そうした中でも、あなたは病気になったきょうだいが気がかりで「こころの病いときょうだいのこころ」のタイトルのこの本を開いてくれたのでしょう。

あなたは年をとった母親が地域の家族会に入って一生懸命勉強をして苦労しているのに、あるいはほかのきょうだいが懸命に本人を面倒見てくれているのに、自分はまったく関係のない職業について、本人のことを両親やきょうだいに任せて生活していることに後ろめたさを感じているのでしょうか。

私の姉も、病気の兄を末っ子の私に任せたままで自分が結婚したことで、時々私に謝りの電話をしてきました。そしてお前の生活は大丈夫かと言いながら、私に小遣い銭を渡そうとしてくれました。よく聞いてみると、姉は結婚を決心するときに「兄の医療費は生活保護で見てもらい、弟に無理させないように福祉の手続きをした。父の死後、家族・きょうだいができることを最大限したのだから、割り切って自分の結婚を考えられたのだ」と言っていました。姉として末の弟に病人のことを任せるのには、やはり後ろめたさがあったので、その後も何度も小遣い銭を私に渡そうとした、とも語っていました。

あなたの後ろめたさは、むしろあなたのきょうだいや両親への思いやりの心なのでしょう。いつかきっと、あなたのその優しさがきょうだいや両親、そして本人へ通じる時が来ることでしょう。そんな気持ちになって、福祉の力も使いながら、現在の仕事や家庭などを大事にして精一杯頑張ってください。あなたが本人のために具体的にしてあげられることを見いだす時期が来ると思います。

自分の人生を中心に考えると、きょうだいとしてできることはほとんどありません。最低限するべきことはありますか?

きょうだいであるあなた自身が、自分の仕事や余暇、自分の家庭のことを思うと、本人や本人を支える同居家族に対して、できることはとても限られてしまいますね。それでもきょうだいであるあなただからこそできる、本人と家族への協力があると思います。

本人にも、見守り介護している同居家族にも、もしもの時の連絡方法を知らせていることと思います。本人のことまできょうだいに世話を求めたり、迷惑を掛けたりできないと言う親は多いのですが、それでも内心では、常に不安を抱えています。連絡先を知らせておけば、本人の見守りをしている人が大きく迷った時に、どうしたら良いか相談したり、その後について報告をしたりしてくるものです。

そして、できれば時々でも、近況報告の交換などで介護者に家庭のこと、あるいは本人の状況を聞くなどして介護者の心配ごとや愚痴話も受け止められれば、介護者も孤独な気持ちでなく安心して、また次のエネルギーが湧いてきます。本人と直接接する人が孤独な心境を抱えていないことは、本人の病状にも関係してとても大切なことです。

家族間でそれぞれが孤独感やわだかまりを作らないためにも、すこしでも情報を共有して、物事に当たることも重要です。あなたが家族間のコミュニケーションのパイプを太くしておくことは、家族の絆を保ち、確かめることにつながります。それだけでも、あなたにできる大きなことです。

家族会やきょうだい会などの通信や情報誌を取り寄せてみるのもいいのではないでしょうか。家族やきょうだいにも送って読んでみることを勧めるのです。家族会やきょうだい会の方の色々な体験を読むことで、あなたの家族に今まで知らなかったヒントが与えられるかもしれません。

本人の回復には、支援者や福祉の力も借りながら道筋が見えてきましたが、きょうだいである自分が取り残されてしまったように感じてきました。

色々と悩んでいた本人の回復に道筋が見えたことは、前方に明るい光が見えてきたのであり喜ばしいことです。けれどもあなた自身は、きょうだいの病いに巻き込まれて疲れたり、自尊心を失ったり、本人や家族との関係がこじれたままであったり、理解も援助もしてくれなかった人たちへの信頼を無くしていたりするかもしれませんね。

こころの病いの回復は本人と周囲との良好な関係によるものですから、本人の回復はあなたの包容力が成長した結果でもあり、あなたも本人も人間的に成長したと言えると思います。

「人間悩んで大きくなる」という言葉ありますが、またしばらくすれば、きっと新しい活力が生まれてきて、「生きていて良かった。今度はどんなことがあるかな。どんなことをしてみようかな」と思える、好奇心や意欲を感じる自分が見つけられますよ。その時こそ、潜めていた自分の試みに、挑戦するチャンスです。

私の場合は、さらなる山歩きやフルマラソンへの挑戦でした。長いトンネルから出た途端、一度は諦めていた試みに挑戦する気持ちになりました。自分の新たな挑戦が知らないうちにリフレッシュとなり、あらめて楽観的な自己肯定の心境となっていたのです。

自己肯定の心境をとりもどせれば、あなたは本人や家族との関係も、他人への信頼も、あなたにとってより良い形で求められるようになっているのではないでしょうか。

本人の病気と障害のことで息が詰まりそうになります。どうやって息抜きをしたらいいですか？

こころ病むきょうだいがいる場合だけではなく、人間が生きてゆく上では数々の悩み事がありますす。誰でも極度にストレスが溜まると、周囲の人との人間関係が悪くなってしまうこともあります。振り返ってみれば、私もいくつかの強いストレスを、スポーツや旅行や趣味などでリフレッシュしながら元気を取り戻してきました。いつも深刻に考え続けていては、夜眠れなくなったり仕事も満足にできなくなったりして、兄と同じように神経衰弱状態と言われかねないという恐れもありました。

こんな状態にならないように、私たちにも時々リフレッシュする時間が必要です。短時間でも良いですから、スポーツに打ち込んだり趣味の時間を持ったり、旅行に出かけるのもいいかもしれません。親しい友人とのおしゃべりの時間も気分転換になるでしょう。本を読んだり絵を描いたりしてひとりの時間を過ごすことで、心が落ち着く人もいるでしょう。あなたは何をしてリフレッシュしていらっしゃいますか。古代ローマの風刺詩人が、「健全な精神は健全な身体に宿る」と言いました。「こころの衛生」も、身体の健康維持と同様に心のバランスを適度に考えることの大切さを表した表現だと思います。

自分だけが楽しんで幸せになっていいのだろうか、と思っているきょうだいは結構います。しかしリフレッシュは誰にでも必要なことです。あなたが息抜きもできず、鬱憤や欲求不満を抱え続けていたら、それが高い感情表出につながるかもしれません。あるいは、社会参加をして徐々に活動の場を広げていく本人を「私たちの苦労も知らずに」と妬ましく思うかもしれません。家族・きょうだいの間でも同じことです。みんながそれぞれにリフレッシュを必要としているのです。あなた自身のこころの健康維持のために、時々なにかの活動でリフレッシュをするとともに、きょうだいや家族にも勧めて、心身の休息（レスパイト）を分け合ってみてはいかがでしょうか。

精神科でも休息のために、短期入院（レスパイト入院）や日中のデイケア、夜間のナイトケアといった医療福祉制度を利用することができます。そうすれば、本人のことをすこし人に任せて、家族で外食や旅行に出かけることもできます。どうぞ、本人に遠慮などせず、自分自身のためにリフレッシュする機会を作ってみてください。そこからまた、なにかヒントが得られるかもしれません。

サポートについて

きょうだいは本人のサポートをどこまでやらなければいけないのでしょうか？

サポートの内容にもよりますが、まず本人との間で会話ができる程度の関係があることが前提です。あなたがサポートできることと、したいことを、また本人が何を望むかを本人と話し合いながら、できる範囲ですることが大切です。

生活保護法は、家族ができる範囲の援助を求めています。生活保護の申請のときに家族・親戚へされる経済的援助の照会は、援助する人の自立生活を損なわない程度の援助です。同居していても「世帯分離」ができる場合もあります。本人への経済的援助は、法律上必ずしなければいけないことではありません。

人間関係ですから、本人ときょうだいとの間で、さまざまな事情や感情があるのは当然です。きょうだいとしてのサポートを一切したくないという場合もあるでしょう。生活保護においても、あなたは理由があれば援助を断ることもできます。本人が受ける公的な支援は、基本的人権に基づく、憲法で保障された権利です。遠慮することなく、援助はできない、あるいはしたくないとソーシャルワーカーなどに相談するのもひとつの方法です。

家族内でのサポートは、経済的援助だけではなく、友人関係や就労先探しの相談など心理的な援助も考えられます。心理的交流こそが、こころの病いに悩む本人へのサポートとして重要なのです。

経済的援助でも心理的交流でも、サポートを続けることが一番難しいことかもしれません。無理をしてあなたが頑張り続けると、あなたの心と家計や人生設計にどうしてもひずみが出てきます。あまり無理をしすぎるときょうだいの関係が崩れてしまうこともありますので、あなたの生活が崩れないように、続けられるサポートをすることが重要です。家族や個人ではできないことを、遠慮無く公的支援や専門家にサポートしてもらうのが、援助の基本的な姿勢だと思います。

私の場合も、大学時代に都立高校の夜間事務員として働きながら兄と姉と同居していたので、兄の入院に伴って兄を世帯分離して、入院費は生活保護の医療扶助として公的サポートをしてもらい、それ以外の日常品費は姉と毎月代わる代わる面会に行きながらサポートしました。結果としてみれば日用品費の工面が経済的サポートであり、面会は心理的サポートだったのかもしれません。

きょうだいが本人にサポートするにしても、可能なことを、無理をし過ぎない程度にするのが本人のためにもなるのではないかと思います。なんらかの事情でサポートをしたくない場合や、親・きょうだいができないことは、障害者生活支援相談員などに助言を求めることをお勧めします。

本人はお金の管理が苦手です。本人の金銭管理をどうしたらいいでしょうか。どこか金銭管理をサポートしてくれるところはありますか?

成人した障害者の金銭管理は、本人か家族が管理していることがほとんどですが、支援者が金銭管理している例もすくなくないようです。グループホームの入所利用者の場合は、単身者の生活支援を担当する生活指導員やグループホームのサービス管理責任者が本人名義の通帳を預かり、管理しているところもあります。その場合でも、印鑑やキャッシュカードは本人が管理して、ATMから小口に引き出しているようです。

成年後見制度を利用してお金の管理をする場合、まず成年後見制度の手続きが必要となります。後見人や保佐人、補助人を弁護士や司法書士などの専門職に任せることもできます。この場合は報酬が必要となりますから、小遣い銭のような少額の管理には向いていませんが、遺産相続や家賃を含む生活費の管理には利用できるかもしれません。成年後見人制度は、地域によって相談窓口にばらつきがあるので、地域の社会福祉協議会などに照会してみるといいでしょう。

たいていの場合、本人の年金や預貯金の管理は、家族であればかなりの程度できてしまうのですが、家族だと毎月の小遣い銭などをやり取りする時に、相互に感情的発言などが起きやすく、うまくいかないこともあります。反対に、後見人は費用がかかるけれども、多額の金銭のやり取りでも安全だし、ビジネスライクでやりやすいと利用している人もいます。

数少ない例かもしれませんが、生活保護を受給しながら単身生活をしている本人に、三軒隣りの民生委員が深くかかわり、本人の障害年金や賃金（就労継続B型支援施設）の入った通帳を預かり管理していることもありました。就労継続B型作業所では、本人や家族の要請を受けて、通帳を事務所の金庫で管理して、預金の引き出しは本人がするという方もいました。地域のメンタルクリニックでは、本人は通帳やカードを持たず、クリニックのソーシャルワーカーが二週間ごとの通院日に通帳やカードを本人に渡し、ＡＴＭから引き出すのを手伝っている例もありました。これらは本人との信頼関係が前提になっていました。

最近では、地域の社会福祉協議会が窓口となっている、障害者や高齢者の「日常生活自立支援事業」という制度があります。この制度は身近な地域で、障害者自身の依頼によって光熱水費といった支払いなど日常の金銭管理を低額な経費で引き受けてくれる制度です。離れて暮らすきょうだいが、本人の日常的な金銭管理や契約の手伝いができない場合のサポートになります。

離れて住んでいるきょうだいができることはありませんか?

本人の生活状況、望んでいること、できないことなどは人それぞれで、必要としていることもさまざまですけれども、多くあるケースとして、本人と親とが同居している場合で考えてみましょう。

離れて暮らしているきょうだいのメリットは、同居している親と本人の固着した状況に、外からかかわりを図れることです。親が医療・福祉と本人との間で孤軍奮闘していて、地域の家族会などの自助グループを知らない場合には、調べて知らせてあげることもできるでしょう。本人が実家にいて仕事に就かず、引きこもりがちで同居する親と上手くいっていない場合などは、親は心配のあまりついつい苦言をぶつけてしまうこともあります。離れて暮らしているあなたは、その点では親と比べると冷静かもしれませんから、すこし黙って見守るようにしてみてはどうかと親に提言をすることもできるでしょう。

障害基礎年金の申請手続きの情報や、地域の相談支援事業所への相談を促すことも、同居の親が話すと場合により摩擦の原因になります。あなたから電話で本人と話してみてはいかがでしょうか。家を出て地域のグループホームで自立生活をしてみる可能性についても、同居の親から言われると「出て行け」と言っているようにも聞こえてしまいますから、離れて暮らしているあなたが話すほうが、本人も素直に聞きやすいかもしれません。

本人の生活状況や悩み事などについて、あなたも気にかけていると伝えることや、本人の話し相手になることも、あなたにできることです。本人や同居する親に、あなたの近況報告をさりげなくしながら、心理的交流を欠かさないことも重要だと思います。心のつながりを示しておくことが、本人や同居する親にとって心強い助けになるでしょう。

本人との距離感を難しく感じています。親と同じような熱心さで本人とかかわることが私には難しいです。

私は、専門職として、またきょうだいとしてたくさんの家族にかかわってきましたが、親はいつまでも本人に対して心配しすぎてしまうという声をよく聞きました。反対に、きょうだい同士は、親子ほど感情的に振る舞うことが少ないように感じました。これは大変重要なことで、本人との距離感について大きな示唆を与えてくれました。

批判的であったり、敵意があったり、情緒的に過干渉であったりといった高い感情表出のある環境では、病気の再発率が高いと言われています。お互いに高い感情表出をやり取りすると、落ち着いた状態でものごとの判断ができなくなり、さらにやり取りが激しくなる恐れがあります。しかし、きょうだいは、親より心理的に距離があるので、本人から見てすこし冷たいと言われる部分もありますが、客観的な眼と頭でものごとの判断ができて、社会の常識的な価値評価に近いことが多いのです。

ところが、私自身が一一歳違いの兄の社会復帰について、ケースワーカー的な態度で協力をしようとして、うまくいかなかった経験があります。兄は看護師さんに「弟の世話になるのはどうしても辛い。弟の言うことが世間的にもっともであればあるほど素直に受け取れない。自分の方が年上なのにどうしても情けなくて、非力さを感じて悔しい」と言っていたそうです。それを聞いた私は、兄としての矜持もあるからもっともなことだと思い、その後はできるだけ友人のソーシャルワーカーに兄のケアを頼みました。きょうだいからさらに離れた、他人の距離感の良さというものがあるのだと学びました。

精神の病いは「対人関係障害」とよく言われます。一般的な人間関係でもそうですが、あまり親切心が旺盛な人と付き合うと、逆に心に負担を感じることがあります。きょうだいと本人との人間関係も、すこし距離をあけて心配りをする程度が、本人にも辛くない適度な関係になるのです。「きょうだいは他人のはじまり」ということわざもあります。親よりも物心両面で距離を置きながら本人と付き合えるのが、きょうだいの利点なのだと思います。

親が亡くなることに備えて、話し合っておいた方が良いことはありますか？

――病状や障害の有無にかかわらず、避けられない親の死に備えて、本人の生活と介護をどうするかを、本人と話し合うことがとても大切です。どんな生活をするか、その経費はどうするかと、本人も心配しているでしょう。その不安をこの機会に聞いてみることも大切です。最近は高齢者問題が話題になっていますから、親亡き後のことをあなたから切りだすのは、さして不自然ではないはずです。病気や障害があっても、現実を正しく認識する能力がかなりの程度ある人が多いのですが、それをうまく表現できない人が多くみられます。そのために専門家や両親は、病人や障害者を自分で自分のことを判断する能力の低い人と見る傾向が強く、代わりにしてあげるといった保護的な手助けになりがちです。しかし、それでは本人の納得につながりません。

親もきょうだいも、支援を受けられず自分がなんとかしなくてはいけないという思いが強く、保護的で干渉的になりがちで、落ち着いて本人の話が聞けないことがあります。対等なおとな同士の関係を心がけて、冷静に本人と話し合うよう努力してみてください。家族以外の手助けを受けて「みんなで支える」ようになれば、保護的で干渉的になる気持ちもすこし変わるかもしれません。その意味でもソーシャルワーカーなどに加わってもらうことも、話し合いをうまく進める方法になります。

実際に親が亡くなったときに、親が本人のことをすべて介護していたので、本人がどこの病院にかかり、どういったサービスを利用しているのかを、残されたきょうだいが知らないこともよくあります。この機会に、親とあなたとの間で確認をしておくと良いでしょう。確認できないまま親が逝ってしまっても、本人が医療機関にかかっていれば、精神保健福祉士が本人の情報を持っています。次いで本人が利用している通所・訪問サービスの職員、サービス利用計画相談をしている相談支援専門員、最後に役場と社会福祉協議会の順番でしょうか。

遺産相続をどうするかも、本人が参加して落ち着いて話し合うことが大切です。一番問題が起きないのは、法定相続分での分与のようです。本人が分与の提案に不安や疑問を持つ場合もありますが、その場合はまず法律相談を受けてはいかがでしょうか。市町村や都道府県は無料法律相談をおこなっています。収入や財産による条件がありますが、法テラスでも無料で相談できます。こうして本人が参加して親亡き後を話し合うことは、本人の自立生活の動機付けにもなります。本人の障害の程度と身内に世話をする人がいない場合は、後見人や介助者が必要かもしれません。その場合は、市町村役場か社会福祉協議会の地域高齢者・障害者福祉相談に相談してみてください。

不安を乗り越えるために

きょうだい会に入るのには勇気がいります。参加すると、どんなことがありますか？

きょうだい会や家族会の例会に出席すると、まず自分ひとりが悩んだり迷ったりしているのではないことに気づきます。悩んでいることも多様です。悩んでいる人ばかりではなく、意外と楽観的に見える人もいるでしょう。さまざまな職業や人生経験をしている人とも出会うでしょう。

きょうだい会は「同病相哀れむ」のではなく、むしろあなたの人間関係や世間が広がり、多様な価値観に接することができる、新しい出会いの場です。また裸の人間としての生き方に接する機会でもあります。やがて打ち解けてくると、参加者全員が本当のきょうだいのように感じる共感的な体験をしたと言う人もいます。

自分とはまったく違う体験をしているきょうだいの声に、驚きと発見をすることもあるでしょう。何回か参加を重ねるうちに、自分にとってすべてが他人事でなく、きょうだいとしての自分の生き方の参考になることを教えてくれるような感動を覚えることもあるでしょう。

例会などに出席できなくても、きょうだい会の機関誌や出版物を読んでみることもおすすめします。誌上で色々な人との出会いがあり、精神医療や障害者福祉、就労支援施設などの情報も得られます。

でも、もしあなたの身近な所にきょうだい会がある場合は、実際に参加してみてはいかがでしょうか。「いままでの病人の見方が変った」「不安が不安でなくなった」「家族・きょうだい・人間ってみんな同じなんだ」と言われる方がいます。

私がきょうだい会への参加を勧める一番の理由は、きょうだい会の人と直接会って話をしてみると心が動くことです。どうぞ清水の舞台から飛び降りるつもりで、参加してみてください。現在きょうだい会に参加している多くの人も、参加する前にはあなたと同じようにためらっていたと話していました。実際にきょうだい会に参加してみるのは、温泉で裸になるように精神的な洋服を脱ぐようなもので、本当にリラックスして感動するものです。この感動こそがあなたに生きる勇気や知恵を提供してくれるものと思います。「人間みなきょうだい」です。

精神障害者による事件が起きるたびに、本人は大丈夫だろうかとか、知り合いから同じように見られているのではないかと不安になります。

重大な事件が起きて容疑者の精神科通院歴などが報道されると「精神障害者はなにをするかわからないから怖い」「傷害や殺人や乱暴をされるかもしれない」「重大犯罪をした精神障害者は刑務所に入れられないから危険だ」といった、精神障害者を危険視する世間の目が呼び起こされます。みなさんも身内に「危険人物」がいるかのようなまなざしに、悩んでいるかもしれませんね。私自身もきょうだいとして、そのような「危険説」に悩んだこともありました。

結論から言えば、「危険説」を乗り越えるには、客観的な事実を知って誤解を解くことと、実際にこころ病む人と付き合うことで偏見を解消することが必要です。

私も「危険説」が本当なのかどうか、ソーシャルワーカーになってから色々と調べました。警察庁の『犯罪白書』による犯罪統計では、一般の人の犯罪率（〇・二五％）より精神障害者の犯罪率（〇・〇九％）は三分の一程度と低く、「精神障害者は犯罪をしやすいので危険だ」という意見に統計的な根拠はありません。

精神鑑定で精神障害が認められた被疑者の八割以上は、心神耗弱・心神喪失が認められず責任能力があると鑑定されています。心神耗弱・心神喪失と認められた被疑者の九割は不起訴になっていますが、精神障害者＝心神耗弱・心神喪失ではありません。「精神障害者は裁かれない」というのも客観的事実ではないのです。

「精神障害者は犯罪を繰り返しやすい」という意見ついては、東京医科歯科大学難治疾患研究所の山上皓教授の調査データがあって、精神障害者の五年以内の再犯率七・一％は一般犯罪者の五年以内の再犯率四〇％を下回っています。殺人と放火などは健常者の再犯率の方が約四倍と著しく高いのです。精神障害者の「危険説」が客観的事実に基づかない誤解であることをわかっていただけるでしょうか。

それでも、「やっぱり怖い」という主観的な問題が残るかもしれません。この主観的な恐れを解消できるのは、実際にこころ病む人たちとかかわってみることです。

私の場合は、発病した兄にかかわり続けたことと、ソーシャルワーカーとしてたくさんのこころ病む人たちとかかわることで、「怖い」という偏見を解消して、こころ病む人たちを信頼できるようになりました。

私の兄は、小さいころから末っ子の私にはいつも優しく、乱暴な行動をとるというよりも、むしろ生真面目に考えすぎてひとりで傷つくタイプでした。大学時代に入院先へ面会に行ったときには、私が童顔に見えたせいか年配の入院患者さんが私の周りに寄ってきて話しかけてくれました。その人たちは、私のことを心配して声をかけてくれることが多かったのです。

ソーシャルワーカーになるための病院実習でも、多くの入院患者さんに会う機会がありましたが、ほとんどの患者さんはわれわれ病院スタッフよりも小心で、優しすぎて、要領が悪く、人間関係に不器用なのが発病の原因のようにすら見えました。自分から理由もなく他人に乱暴を働くような人たちとは、とても思えませんでした。

あなたもきっと「危険説」を乗り越えられます。まずは正しく知ること、そしてできる範囲でこころ病む人とかかわりながら信頼を育てることです。それは、けっしてひとりで取り組まなければいけないことではありません。きょうだい会や家族会は、正しい知識を身につけることと、さまざまなこころ病む人を知る機会の手助けとなるでしょう。

参考文献一覧

石原邦雄編『講座生活ストレスを考える（第三巻）　家族生活とストレス』垣内出版、一九八五年
大熊一夫『ルポ・精神病棟』朝日文庫、一九八一年
大谷藤郎『一樹の蔭』日本医事新報社、一九八二年
岡上和雄ほか『市民の精神医療――心の病いを理解するために』勁草書房、一九八八年
岡上和雄ほか編『日本の精神障害者――その生活と家族』ミネルヴァ書房、一九八八年
岡上和雄ほか編『精神保健福祉への展開――保健福祉ニードからみた到達点と課題』相川書房、一九九三年
岡上和雄監修、日本社会事業大学をかこむ地域連絡会・全国精神障害者家族会連合会共編『精神障害者の地域福祉――試論と実践最前線』相川書房、一九九七年
川上武・岡上和雄編『福祉の医学』一粒社、一九七三年
ゴッテスマン、I・I『分裂病の起源』内沼幸雄・南光進一郎監訳、日本評論社、一九九二年
全国精神障害者家族会連合会・精神障害者福祉基盤研究会『精神障害者の社会復帰・福祉施策形成基盤に関する調査――財団法人三菱財団社会福祉助成金報告書』一九八四年
全国精神障害者団体連合会準備会・全国精神障害者家族会連合会編『こころの病い――私たち一〇〇人の体験』中央法規出版、一九九三年

滝沢武久「精神障害の特色と問題点」『ジュリスト増刊総合特集二四　障害者の人権と生活保障――真の自立をめざす完全参加と平等への途』、一九八一年
滝沢武久「精神障害者の生活をめぐる諸問題」『障害者問題研究』四四、一九八五年
滝沢武久「精神障害者福祉を推進するために――当面の課題は何か」『ジュリスト増刊総合特集四一転換期の福祉問題――「福祉」のあり方と再生を問う』、一九八六年
滝沢武久「精神衛生法改正の動き――ソーシャルワーク運動試論」『ソーシャルワーク研究』一三巻二号、一九八七年
滝沢武久「患者の責任能力と家族等の保護義務」『法学セミナー　総合特集シリーズ三七　これからの精神医療』、一九八七年
滝沢武久「精神障害者家族会からの提言」『臨床精神医学』一八巻六号、一九八九年
滝沢武久「精神障害者家族への支援――家族は果たして何を望んでいるか」、蜂矢英彦編『精神科における医療と福祉〈精神科 MOOK No.26〉』金原出版、一九九〇年
滝沢武久「保護義務者制度の問題点」『作業療法ジャーナル』二六巻七号、一九九二年
滝沢武久「家族危機とカウンセリング――精神障害者とその家族への危機介入」『現代のエスプリ』三五一、一九九六年
滝沢武久「福祉法制度改正とソーシャルアクション――優生保護法改正のプロセス研究」『日本社会事

業大学事業研究所年報』三五、一九九九年
滝沢武久『精神障害者の事件と犯罪』中央法規出版、二〇〇三年
滝沢武久『検証日本の精神科社会的入院と家族――精神科長期入院者とその家族について歴史的考察とその実態：精神障害者福祉への政策提言』筒井書房、二〇一四年
滝沢武久・村田信男編『精神保健実践講座6　精神保健と家族問題』中央法規出版、一九八九年
ナサー、シルヴィア『ビューティフル・マインド――天才数学者の絶望と奇跡』塩川優訳、新潮文庫、二〇一三年
長谷川泰造編『成年後見Q＆A――くらしの相談室　支援を必要とする人々のために』有斐閣、一九九五年
山上晧ほか「触法精神障害者九四六例の一一年間追跡調査（第一報）：再犯事件四八七件の概要」『犯罪学雑誌』六一巻五号、一九九五年
蜂矢英彦「精神障害における障害概念の検討――リハビリテーションをすすめる立場から」『障害者問題研究』四四、一九八五年
蜂矢英彦・岡上和雄編『精神保健実践講座3　精神保健とリハビリテーション活動』中央法規出版、一九八九年
ビーアズ、クリフォード・W『わが魂にあうまで』江畑敬介訳、星和書店、一九八〇年

もっと知りたい人への読書案内

●きょうだい・家族の本

『精神障害のきょうだいがいます』兄弟姉妹の会編、心願社（発売：はる書房）、二〇〇五年

二三人のきょうだいが精神障害を患ったきょうだいとの交流について、体験談を記したものです。さまざまなきょうだいの経験と声は、多くのきょうだいと共通した響きを持っています。

『やさしさの距離――精神障害とつきあうきょうだいと私たち』東京・川崎・横浜兄弟姉妹の会編、萌文社、一九九八年

東京・川崎・横浜の兄弟姉妹の会の方々の声が集められています。『精神障害のきょうだいがいます』と同様に、共感することの多いエッセイ集です。

『家族が統合失調症と診断されたら読む本』福智寿彦著、幻冬舎、二〇一四年

医師の良し悪しや薬の初歩的な説明などが読みやすく書かれています。私が今まで読んだ数

多くの「こころの病い」について書かれた本の中でも、ひときわ共感することの多い本です。

『統合失調症と家族――当事者を支える家族のニーズと援助法』モナ・ワソー著、高橋祥友監修、柳沢圭子訳、金剛出版、二〇一〇年

著者のモナ・ワソーは、統合失調症を患う息子を持つソーシャルワーカーの臨床教授です。重いこころの病いのある人の家族が、病気からどんな影響を受けているのか、どんな悩みを持ち、なにを必要としているのかを、子ども、配偶者、きょうだい、親、祖父母、親戚から丁寧に聴き取り考察しています。

●当事者の本

『幽閉』（新装版）石山勲著、萌文社、二〇一六年

著者が一九七八年に精神科病院に入院した経験を元に書かれた小説です。自分の発病から療養中に出会った病院職員とのエピソード、病院での生活や療養環境などを見つめて書かれた本書は、精神科病院に入院するとはどのような経験なのかを理解する手がかりになると思います。当事者の心境を理解するのに良い内容です。

『わが魂にあうまで』クリフォード・W・ビーアズ著、江畑敬介訳、星和書店、一九八〇年
一九〇八年に出版されて今でも読み継がれている、アメリカの精神科病院入院者の自叙伝です。本書は二〇世紀初頭にアメリカの精神科病院の過酷な人権侵害の状況を綴ったことで、精神科医療の改善運動のきっかけを作ることになりました。当事者による問題提起がアメリカ市民の共感を呼び、アメリカの精神保健福祉運動の原点となりました。

『こころの病い　私たち一〇〇人の体験』全国精神障害者団体連合会準備会・全国精神障害者家族会連合会編・中央法規出版、一九九三年
精神病者に対する偏見や差別に満ちた中で自らのこころの病いの体験を語った当事者の珠玉の声を読むことができます。七割の人が実名で、五割の人が写真入りで体験や助言を記した、勇気あふれる本です。

『精神保健・医療・福祉の正しい理解のために——統合失調症の当事者からのメッセージ』石山勲著、萌文社、二〇〇五年
統合失調症の当事者からのメッセージです。仲間同士の援け合い、当事者との接し方、家族

に理解してほしいこと、福祉の利用の推奨などが当事者の視点で率直に書かれています。

『〈心の病〉をくぐりぬけて』森実恵著、岩波ブックレット671、二〇〇六年

統合失調症を患った当事者が、本人にしかわからない幻聴・幻視・妄想・思考障害といった症状や薬の副作用の辛さを、わかりやすくユーモラスに解説しています。本人の悩みを理解するのに絶好の本です。

『ビューティフル・マインド——天才数学者の絶望と奇跡』シルヴィア・ナサー著、塩川優訳、新潮文庫、二〇一三年

ノーベル経済学賞受賞者ジョン・ナッシュの統合失調症との闘いと生活歴を書いたノンフィクションです。早熟な天才数学（微分幾何学）者である彼は、後にノーベル経済学賞を受賞することになる経済理論を打ち立て活躍をしますが、統合失調症を発症し長い療養生活に入り、回復をはたします。精神の病状に苦しみながらも研究を続け、偉大な業績を上げた人生の記録です。

『中井久夫と考える患者シリーズ1　統合失調症をたどる』中井久夫監修・解説、中井久夫と考え

る患者制作委員会編、ラグーナ出版、二〇一五年

『中井久夫と考える患者シリーズ2　統合失調症をほどく』中井久夫監修・解説、中井久夫と考える患者制作委員会編、ラグーナ出版、二〇一六年

ラグーナ出版は、精神障害者も共に働いている出版社です。このシリーズでは、精神科医中井久夫の著書を、統合失調症患者と医療者が読み解き、話し合い、自らの体験や感覚を振り返りなおして言葉にすることで、統合失調症のイメージを新たにすることが試みられています。患者と精神科医の豊かな対話に触れられるシリーズです。

『やどかりブックレット家族へのメッセージ1　回復への一歩——それは家族からの愛』やどかりブックレット編集委員会編、中塚治・星野文男・堀澄清・増田一世著、やどかり出版、二〇〇八年

『やどかりブックレット家族へのメッセージ2　隠さないで生きたい!!——統合失調症の娘とともに』やどかりブックレット編集委員会編、岡田久実子著、やどかり出版、二〇〇九年

『やどかりブックレット家族へのメッセージ3　私はこれでいいんだ――母の病・葛藤・体験を力に変えて』やどかりブックレット編集委員会編、野村忠良著、やどかり出版、二〇一〇年

『やどかりブックレット家族へのメッセージ4　家族から家族へ――今困っているあなたへ　経験から気づいたこと』やどかりブックレット編集委員会編、やどかり出版、二〇一一年

『やどかりブックレット家族へのメッセージ5　家族会と出会って元気になる』やどかりブックレット編集委員会編、飯塚壽美・伊藤眞里子・岡田久実子・佐藤美樹子・須釜嘉余子・沼田光子・平野和子・増田一世著、やどかり出版、二〇一五年

やどかり出版も、精神障害者が共に働いている出版社です。『やどかりブックレット　家族へのメッセージ』では、障害の当事者も編集に加わって、実際の生活や当事者の視点に基づいたライフヒストリーやQ＆Aなどを、家族が元気になるようなメッセージとしてまとめています。一〇〇頁に満たないブックレットなので、手軽に読むことができます。

●社会資源・福祉の本

『精神障害のある人と家族のための生活・医療・福祉制度のすべてQ&A（第一〇版）』伊藤千尋・杉本豊和・森谷康文編、萌文社、二〇一五年

精神障害者や家族が利用できる生活支援や福祉の制度、医療機関や公的機関の利用の仕方、当事者団体でできることを、当事者と家族の困り事や疑問に即した豊富なQ＆Aで紹介しています。わからない、知らないから利用できなかった制度の活用を、当事者・家族の側に立って後押ししてくれます。

『Q&Aでわかるこころの病の疑問一〇〇――当事者・家族・支援者に役立つ知識』髙橋清久監修、有馬邦正・平林直次・古屋龍太編、むさしの会編集協力、中央法規出版、二〇一四年

家族会が編集に参加してまとめたこころの病いに関する家族の疑問や意見に、多くの医師やソーシャルワーカーなどが回答しています。同じ悩みを持つ当事者や家族の役に立つ実際的なQ＆Aです。

『精神障がい者と家族に役立つ社会資源ハンドブック（改訂版）』公益社団法人全国精神保健福祉会連合会、二〇一五年

本人や家族が利用できる医療や福祉、行政サービスといった社会資源について、どんなサービスがあるのか、どうやって利用するのか、誰に相談したら良いのかなどをわかりやすく解説しています。このハンドブックは書店で購入できません。「みんなねっと」のウェブサイトやFAX・電話で注文できます。

「みんなねっと」の連絡先はこのブックリストの最後に記しています。

『わたしたち家族からのメッセージ——統合失調症を正しく理解するために』白石弘巳監修・川崎洋子・眞壁博美・谷安正ほか編、公益社団法人全国精神保健福祉会連合会、二〇一四年

精神障害者の家族の全国組織「みんなねっと」が発行しているブックレットです。はじめて統合失調症を発症した人の家族に向けて、病気の知識や、本人への接し方、利用できる福祉やサービス、家族会についてなどをわかりやすく教えてくれます。書籍だと手に取ってくれない家族にもそっと勧めることができる小さな冊子です。このブックレットは書店では販売していません。「みんなねっと」のウェブサイトやFAXで注文できます。

「みんなねっと」の連絡先はこのブックリストの最後に記しています。

●雑誌

『月刊みんなねっと』公益社団法人 全国精神保健福祉会連合会（みんなねっと）発行

『月刊みんなねっと』は全家連破産後に発足した家族会の新しい全国組織「みんなねっと」が発行する機関誌です。家族会の活動の様子や、参加者の体験談などを読むことができます。書店で販売はしていません。「みんなねっと」のウェブサイトやＦＡＸで注文できます。「みんなねっと」の連絡先はこのブックリストの最後に記しています。

『こころの元気＋』特定非営利活動法人 地域精神保健福祉機構・コンボ発行

『こころの元気＋』は、根拠に基づいた正しく、新しい医療・福祉に関する情報の提供と、ほかの当事者たちの経験や工夫の共有を編集方針とする先進的な機関誌です。全国で頑張っている精神障害者の表情や声を写真入りで紹介しています。『こころの元気＋』も書店では販売していません。コンボのウェブサイトや、ハガキ、ＦＡＸ、電話で購読の申し込みができます。コンボの連絡先はこのブックリストの最後に記しています。

●筆者の単行本

『精神障害者の事件と犯罪』滝沢武久著、中央法規出版、二〇〇三年

二〇〇一年六月八日の池田小学校事件後に私が書いたものです。精神障害者による犯行との事件報道のされかたは、精神障害者が危険な人物だとますます誤解される要因だと危惧して、私がソーシャルワーカーとしてかかわった精神障害者による事件や犯罪の事例から、その誤解を解き、精神障害者が社会とかかわるにはどうしたらいいのかを考察しました。電子書籍にもなっています。

『家族という視点』滝沢武久著、松籟社、二〇一〇年

私が精神障害者のきょうだいという立場で書いた本です。精神科医療の消費者としての視点から家族会活動・障害者運動を見つめなおしました。

『検証　日本の精神科社会的入院と家族』滝沢武久著、筒井書房、二〇一四年

私が精神障害者のきょうだいとして、ソーシャルワーカー・政策秘書としての経験と照らしながら、日本の精神科医療の歴史的経過と構造をまとめました。日本の精神科医療と長期入院がいかに患者の人権を無視した社会防衛の道具なっているかを明らかにしたものです。

みんなねっとの連絡先

ウェブサイト http://seishinhoken.jp

電話：03－6907－9211

FAX：03－3987－5466

地域精神保健福祉機構・コンボの連絡先

ウェブサイト https://www.comhbo.net

電話：047－320－3870

FAX：047－320－3871

※書籍・雑誌の申込先は二〇一七年七月現在のものです。

あとがき

私からの長い「手紙」をお読みいただきありがとうございました。心から御礼を申しあげます。今回、この本を出版しようとしたきっかけは、私の今まで出した著書をすべて読んでくれたという「公益社団法人全国精神保健福祉会連合会（みんなねっと）」の電話相談員だった伊藤千尋さんから「あらためて、きょうだいに向けてメッセージを書き直す考えはないか」という意見をもらったことでした。私が前著『検証　日本の精神科社会的入院と家族』（筒井書房）で日本の精神科医療の構造的改革の政策提案を出版し終えて、相模湾辺りの大磯の地でゆっくり「終活の生活」を過ごしはじめていた矢先のことでした。

伊藤さんの意見を受けて、こころの医療化が広がり、ますますこころ病む人の家族・きょうだいが増えつつあるこんにち、彼ら彼女らがさまざまな悩みを、長い時間抱き続けているのではないかと思い、すこしでも私の個人的体験が読者に役に立てばと本書の執筆を考えました。本書の出版のきっかけを作ってくれて編集・企画にも協力をしてくれた伊藤千尋さん（淑徳大学講師）、伊藤さんのご紹介でおなじく編集・企画に協力をしてくれた佐藤純さん（京都ノートルダム女子大学准教授）、松籟社社長の相坂一さんと編集部の夏目裕介さんに心から御礼を申し上げます。

最後にふたつ、お願いがあります。本書を読んで頂いた方の中で、もしお志し（カンパ）をお考えいただける方は、ぜひ「みんなねっと」宛にご協力いただけたら幸いです。みんなねっとは全国の精神障害者の家族を中心とする都道府県連合会及び会の趣旨に賛同する個人の集合体です。

支店名：三井住友銀行池袋東口支店
店番号：671
口座名義：公益社団法人全国精神保健福祉会連合会
口座番号：8615334

そしてもうひとつのお願いです。本書を読み終えて、内容についての疑問・意見・感想などがありましたなら、ぜひとも遠慮なくお話を聞かせていただきたいのです。私の生ある限り、必ずなんらかの形でお返事をしようと考えています。

メールアドレス　1122takehisa@gmail.com
住所：〒255－0002　神奈川県中郡大磯町東町1―12―39　滝沢武久 宛
電話番号：0463－61－6322（ただし、かなり難聴気味です）

二〇一七年七月一日

滝沢武久

著者略歴

滝沢武久（たきざわ・たけひさ）

精神科医療・障害者福祉モニター

1942年　群馬県前橋市に生まれる
1952年　父の死（本人10歳）
1955年　11歳上の長兄(23歳)が精神神経衰弱と診断され入院(著者12歳)
1960年　商業高校を中退し上京。かばん製造工となり定時制高校卒業
1961年　日本社会事業大学入学と同時に都立夜間高校事務吏員として勤務
1965年　大学卒業後、夜間高校勤務しつつ全国社会福祉協議会老人クラブ連合会勤務
1966年　退職後、夏から秋にかけ4か月間の日本縦断単独自転車旅行
1967年　4か月の民間精神科病院実習勤務後、神奈川県三崎保健所に3年。相模原保健所に3年。小田原保健所に3か月。川崎市社会復帰医療センターに2年。中原保健所に2年。川崎市精神衛生相談センターに2年間勤務。精神障害者の医療、社会復帰ケアの現場に勤務
1979年　渡欧。イギリス、ベルギー、西ドイツの精神障害者地域ケアの16ミリ映画撮影を企画、実施
1980年　(財）全国精神障害者家族会連合会事務局長、1991年常務理事、1995年専務理事、1996年退職後参与。この間、国際障害者年日本推進協議会（現JD）政策委員長。全国社会福祉協議会心身協予算対策委員長など。また、カナダ、フランス、アメリカ、メキシコ、ニュージーランド、アイルランド、エジプト、イタリアなどの精神障害者事情を視察。また世界精神保健会議に出席
1996年　衆議院議員公設政策秘書
2002年　目白大学人間福祉学部教授、2004年客員教授。2005年退職（なお1990年から神奈川県内地元社会福祉法人理事長、特定非営利活動法人理事長、サービス管理責任者として地域作業所・グループホームを共同運営し現在に至る）

こころの病《やま》いときょうだいのこころ
——精神障害者《せいしんしょうがいしゃ》の兄弟姉妹《きょうだいしまい》への手紙《てがみ》

2017年9月15日初版発行

定価はカバーに
表示しています

著　者　滝沢武久
発行者　相坂　一

〒612-0801　京都市伏見区深草正覚町1－34
発行所　㈱松　籟　社
SHORAISHA（しょうらいしゃ）

電話　075-531-2878
FAX　075-532-2309
振替　01040-3-13030
URL：http://shoraisha.com

印刷・製本　亜細亜印刷株式会社

Printed in Japan

ISBN 978-4-87984-358-6 C0036